知っておくと必ず
ビジネスに役立つ

中国人の面子《メンツ》

吉村 章

総合法令出版

■まえがき

本書は昨年出版した『すぐに役立つ中国人とうまくつきあう実践テクニック』の第2弾です。

前作は幸いにも好評を得、多くの読者から「中国の取引先とのトラブルを未然に防ぐことができた」「中国人の同僚とのコミュニケーションがスムースになった」「宴会の席で恥をかかずに済んだ」「中国人社員を採用する際に参考となった」「中国赴任前に読んでおいて現地でたいへん役に立った」などの感想をいただきました。また、セミナーや企業研修などの講師依頼も多数いただいたほか、テレビや新聞などからの取材も入り、反響の大きさに驚きました。

「中国人とうまくつきあっていくにはどうしたらいいか」

第2弾となる本書でも、このテーマを徹底的に考えます。

ケンカをしているように話す中国人、謝らない中国人、残業を手伝わない中国人、お礼を言わない中国人、列に並ばない中国人、礼儀知らずの中国人……。

中国人は自己中心的、わがまま、言い訳ばかりする、拝金主義……。

本書を最後までお読みいただければ、これらのイメージがみなさんの誤解だったことに気づくはずです。中国人の考え方や価値観を知ると、今まで知らなかった彼らの違った素顔が見えてくるはずです。

みなさんが持っている中国人に対するマイナスイメージを払拭するために、本書の執筆に取り掛かりました。みなさんの誤解を1つひとつ解き明かすヒントを提供することが目的です。

①どうして中国人はケンカをするように大きな声で話をするのか？

彼らは決してケンカをしているわけではありません。中国は自分の主張をはっきりすることが評価される文化です。お互いの気持ちを悟り合いながら接点を探し出す日本人とはコミュニケーション方法が違うのです。主張をぶつけ合いながら論点を見つけ出すのが中国流です。言いたいことをまず出し合って、消去法で論点の絞り込みが進んでいきます。

②どうして中国人は謝らないのか？

中国人はミスや罪を認めたとき、その認めたミスや罪を徹底的に追及されることを警戒します。少しでも弱みを見せることは、その弱みにつけこもうとする相手にすきを見せることになります。罪を認めることは「敗北」を意味するのです。また、自分の謝罪が同じコミュニティの仲間にまで大きな影響を及ぼすことを極めてよく知っています。

「謝らない」ことは、長い歴史を通じて彼らが皮膚感覚で身につけてきた「自己防衛本能」です。中国人は異民族との長い抗争の歴史の中で、生きるか死ぬかのぎりぎりのせめぎあいをしてきました。「謝罪を嫌う文化」は、こうした歴史から学んだ彼ら独特の処世術の1つと言えるかもしれません。

③どうして中国人は同僚の残業を手伝わないのか?

彼らは会社の中で自分が果たすべき役割を常に認識しています。仕事上の「権限」と「責任」、果たすべき責任の「成果」と「報酬」について、その1つひとつを明確に意識しながら仕事に取り組んでいるのです。

たとえば、「残業たいへんだね。少し手伝おうか」と声をかけると、「どうしてですか? 私の仕事を取らないでください」とあなたの親切心がまったく別の意味に受け取られることがあります。同僚の仕事を手伝うことは、「仕事を奪うこと」と受けとめられる場合もあるのです。

④どうして中国人は列に並ばないのか?

マナーやモラルについては、できればもう少し改善を望みたいところです。しかし、2010年の上海万博を機に中国でもだいぶ変わってきたようです。地下鉄では降りる人を待ち、ちゃんと並んで乗るようになってきました。

日本人はマナーやモラルを「世間」という基準にあてはめて自分の行動を考えます。「世間に迷惑がかかる」「世間体が悪い」というように、「やっていいこと」と「やってはいけないこと」の行動規範に「世間」という基準を持っているのです。

しかし、中国人はどうやら行動規範の基準が日本人とは異なるようです。「世間」ではなく、彼ら独自のコミュニティ（「タマゴ型コミュニティ」）の境界線にマナーやモラルの基準を置いて、自分たちのルールやコミュニティの約束事の適応範囲を考えます。

自分が所属するコミュニティの「うち」ではしっかりマナーやモラルを守りますが、「そと」の世界ではその限りではありません。「そと」のグループとは、異質な者の集団であり、異民族であり、征服者です。歴史に裏づけられたこうした感覚が今でも色濃く残っているのが中国人の特徴であると言えるでしょう。

本書では、このような疑問をより詳しく解き明かしていくために、中国人の「面子（メンツ）」を徹底的に取り上げてみました。「面子」に注目すると、中国人の特質がよく見えてきます。「面子」を理解することが中国人理解の近道ではないでしょうか。

「面子」とは、「自分の身は自分で守る」という環境の中で、相手との人間関係を作り、広げていくために必要なものなのです。極論を言うと、相手が敵か味方かを見極め、2人の関係を定義するための手段と言えるかもしれません。

また、ビジネスの現場で注意すべきポイントを、私自身の体験も含んだできるだけ具体的なエピソードを紹介しながら、わかりやすくまとめました。中国ビジネスに携わる人に1つでも

●まえがき

多くの「転ばぬ先の杖」をお渡しするのが目的です。

そして、中国人と人間関係を深めるためにどんな方法でアプローチしたらいいかを徹底的に考えていきます。前作同様、みなさんがビジネスの現場ですぐに実践できるテクニックとして、重要なポイントを、できるだけ整理してわかりやすくまとめてみました。

序章では、中国人にとって「面子」がいかに大切なものであるということと、異文化を理解することの大切さを説明します。

第1章では、前作でも説明した中国人が持つ独特のコミュニティ感覚「タマゴ型コミュニティ」を取り上げました。中国人を理解するためには、その基本となる彼らの考え方や価値観を理解しておくことが大切です。この「タマゴ型コミュニティ」を理解することこそ、中国人理解の第一歩です。「面子」理解の前にまず「タマゴ型コミュニティ」から読み進めてください。

第2章から第4章は、私自身の命名による中国人が持つ3種類の面子（「網《あみ》面子」「貸《か》し面子」「義《ぎ》の面子」）をそれぞれ1章ずつ使って説明していき、最後の第5章では、全体のまとめとして、みなさんに役立つ中国ビジネスのアドバイスをいくつかご紹介します。

中国は長い歴史を持つ偉大な隣人であり、したたかで手ごわい隣人でもあります。中国脅威論や警戒論はたくさんありますが、彼らの懐に飛び込んでうまくつきあっていくためにはどうしたらいいかを本書でいっしょに徹底的に考えてみましょう。

●目次

序章 「面子」理解が中国人理解の近道

第3章　中国人の「貸し面子」を理解する

第4章 中国人の「義の面子」を理解する

第5章 「面子」を活用した中国ビジネス成功のテクニック

装丁　折原カズヒロ
本文イラスト　駒見龍也
本文組版&図表作成　横内俊彦

序章

「面子」理解が中国人理解の近道

親しき仲にも「面子」あり

一度潰した「面子」は二度と元には戻らない？

食事会では基本的に「割り勘」にしないことが中国人の習慣です。「食事代は割り勘にしましょう」と言うことは、食事会を企画したホスト役の面子を潰すことになります。食事会に誘った友達にその代金を払わせようとはしません。ホスト役が全額を払うのです。

若い世代では「ＡＡ制」と言って、「割り勘」で食事代を負担しあうこともあります。しかし、一般的にはやはり「割り勘」にしないケースが多いでしょう。「貸し」を作り、「借り」を返し、「貸し」と「借り」を重ねて仲間が集まる機会を作り、貸し借りを繰り返しつないで人間関係を深めていくのが中国の食事会です。

たとえば、あまりお金に余裕がない人が友人を食事に誘うときでも、やはり誘う側が食事代を負担することがあります。時には借金をしてでも、仲間に食事をご馳走します。そんなエピソードも中国人の「面子」へのこだわりの1つです。

本書では、中国人の「面子」を3つに分類しました（図1）。1つ目は「網《あみ》面子」、2つ目は

図1　中国人の「3つの面子」

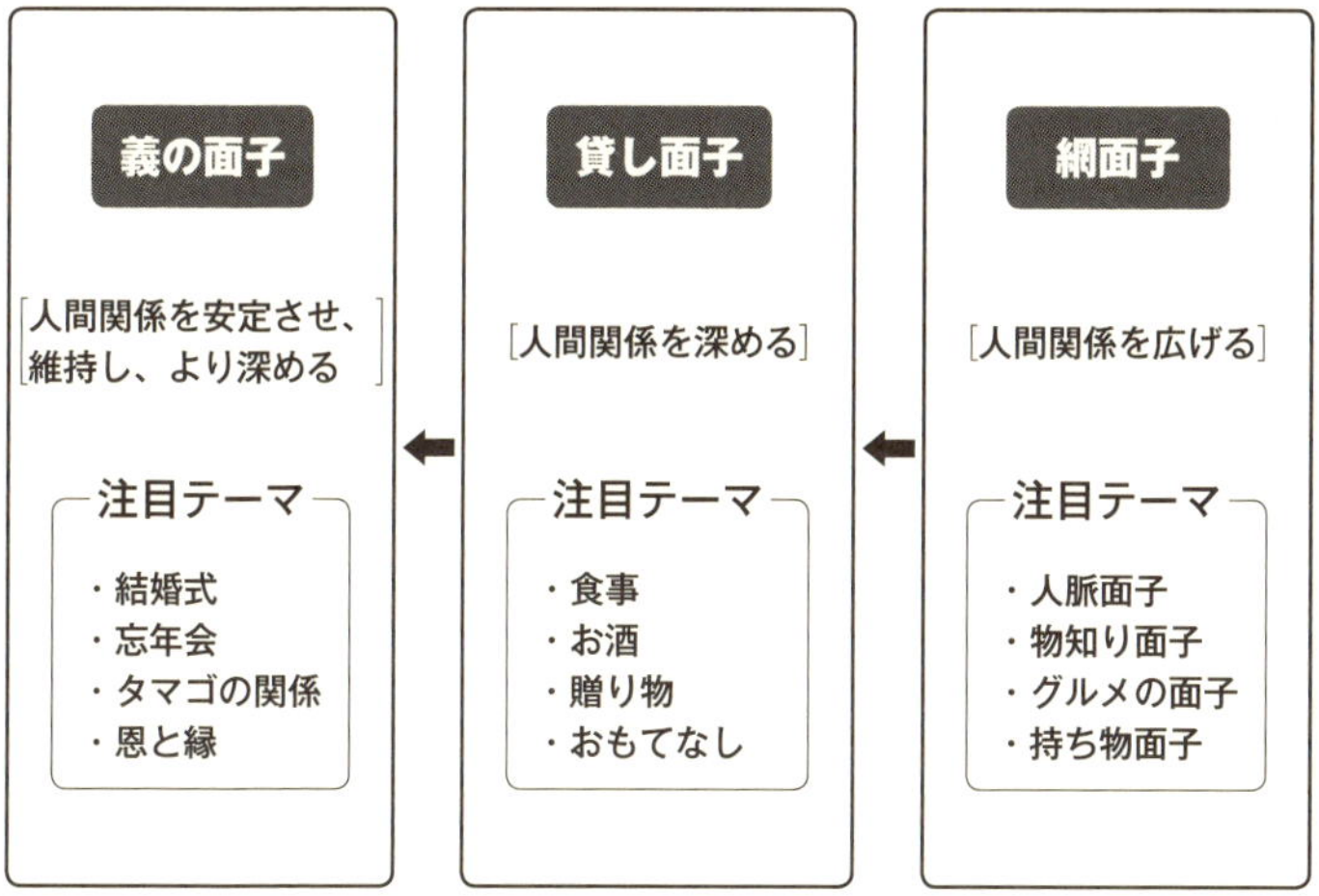
義の面子
［人間関係を安定させ、維持し、より深める］
注目テーマ
・結婚式
・忘年会
・タマゴの関係
・恩と縁
貸し面子
［人間関係を深める］
注目テーマ
・食事
・お酒
・贈り物
・おもてなし
網面子
［人間関係を広げる］
注目テーマ
・人脈面子
・物知り面子
・グルメの面子
・持ち物面子

「貸《か》し面子」、3つ目は「義《ぎ》の面子」です。いずれも私が独自に命名したり分類したものです。

　まず「網面子」とは、人間関係を広げるときに見せる面子です。次の「貸し面子」は人間関係を深めるときに使います。最後の「義の面子」は人間関係を維持し、安定させ、より深めていく段階で見ることができます。このように、本書では「面子」を3つに分類して、それぞれの段階で中国人がどんな「面子」の使い方をするかをまとめてみました。

　中国人の「面子」へのこだわりは日本人の想像をはるかに超えていると言っていいでしょう。本書では、中国人がなぜ面子にこだわるかを徹底的に考えてみたいと思います。「面子」を理解することが、中国人を理解する近道だからです。

また、日本語でも「面子がない」「面子を立てる」「面子を潰す」といった使い方をよくします。「面子」は海を越えて中国から日本に渡ってきた外来語です。思想や文化や制度など古くから多くのものを中国から学んだ日本です。「面子」という言葉も自然に受け入れられるようになったのでしょう。

中国語では「面子」（ミェンズ）と言います。「没有面子《メイヨウミエンズ》」（面子がない）、「有面子《ヨウミエンズ》」（面子がある）、「給面子《ゲイミエンズ》」（私の顔を立てて）、「不給我面子《プーゲイウオミエンズ》」（私の面子を潰す）、「愛面子《アイミエンズ》」（面子にこだわる）、「不要面子《プーヤオミエンズ》」（面子を捨てて）、「譲他面子《ランターミエンズ》」（彼の顔を立てる）、「他譲我没有《ターランウオメイヨウ》面子《ミエンズ》」（彼は私の面子を潰した）などの言い方があります。

これらの言葉は「顔を潰す」「顔を立てる」「面目がない」「体裁がない」という日本語に置き換えることができます。日本語では、かろうじて責任を果たすことを「面目躍如」とか、形だけつくろうことを「体裁を保つ」という言い方もあります。

このように「面子」は日本語でも中国語でも一般的によく使う共通の概念と言っていいでしょう。日本人にとっても面子を潰されること、つまり、恥をかかされることは嫌なものです。人前で恥をかかされたり、面子を潰されたりすることを嫌います。

しかし、日本人と中国人とでは決定的に違うことがあります。それは面子を潰されたときの「深刻さ」です。中国人が「面子を潰された」と感じるときの「深刻さ」は、日本人の想像をはるかに超えていると言っていいでしょう。

人や物事の程度差によっても違いがありますが、不用意に面子を潰すような言い方をしてしまうと、後で取り返しのつかない事態になってしまいます。「そんなに深刻に受け止めるなよ」とか、「軽い冗談のつもりで言っただけだよ」という言葉は絶対に通用しないのです。

そして、一度潰してしまった「面子」を回復するには相当な時間を要します。これまで長い時間をかけて築いてきた信頼関係が一気に壊れてしまいます。もしかしたら、修復不可能な事態に陥ってしまうかもしれません。

「いつまでもそんなこと言うなよ」「水に流してまた仲良くやろうよ」「気持ちを切り替えてやり直そうよ」と考えるのが日本人です。日本語には「心機一転」という言葉があります。しかし、中国人にとって一度潰された「面子」は「水に流して」というのは通用しないのです。「面子」に対するこだわりは、日本人が想像する以上です。面子を潰す行為は絶対に避けるべきです。日本語には「親しき仲にも礼儀あり」という言葉があります。これを「親しき仲にも面子あり」と置き換えてみましょう。

本書では、「面子」が持つ意味の重大さを意識しながら、できるだけビジネスシーンに即して、徹底的に「中国人の面子」について考えてみたいと思います。

人前での「叱咤激励」は相手の「面子」を潰す行為

中国人を人前で絶対に叱りつけてはいけない

「王さん、こんなことじゃダメじゃないか。これでは、今月の売り上げ目標が達成できないだろう。いったい何をやっているんだ。もっとしっかりやりなさい」

中国にある日系現地法人の朝礼です。上司の阿部さん（仮名）が部下の王さん（仮名）を大きな声で叱りつけます。

営業マンの個人成績のグラフがホワイトボードに貼り付けてあります。1人ひとりの営業目標と営業成績が一目瞭然です。総経理の阿部さんが突然声を荒げて王さんを叱りつけたので、他のスタッフはちょっとびっくりしました。いわゆる「叱咤激励」です。

「今月は売上げ強化月間。何とか営業目標を達成しよう。もっと気合いを入れて、1人ひとり自分の目標に向かって頑張ってほしい。売上げを2倍にして、ボーナスも2倍にしよう」

赴任してきたばかりの阿部さんはこう言ってみんなを奮い立たせようとします。

彼はこれまで朝礼では積極的に発言しないできました。しかし、赴任後1カ月が経ち、現場の状況がだいぶわかってきたので、「ここで1つ活を入れよう」と沈黙を破り、朝礼での「叱咤激励」になりました。王さんはそのターゲットの1人だったのです。

阿部さんは朝礼が終った後、王さんのところへ行き、彼に声をかけます。

「今晩、時間ある？　ゆっくり話をしよう。僕は本当は君に期待しているんだよ」

阿部さんは赴任直後から王さんに注目していました。王さんは仕事もよくできる頑張り屋の社員です。徹底的に鍛えれば営業部の中核社員として活躍してくれると阿部さんは考えていました。幹部社員として教育し、将来は若手営業マンの指導も任せたいと考えています。それゆえの「叱咤激励」だったのです。

「ちょっと厳しい言い方をしてしまったけれど、本当は君にとても期待しているんだよ。食事をしながらゆっくり話をしようじゃないか」と阿部さんは王さんに声をかけました。

しかし、みんなの目の前でいきなり叱りつけられた王さんはそうは受け取りませんでした。彼は「面子を潰された」と感じています。阿部さんは叱りつけたフォローのつもりで、王さんを食事に誘ったのですが、王さんの「面子」はもっと深刻なダメージを受けています。

たとえ阿部さんの真意が「叱咤激励」であっても、中国人を人前で叱りつける行為は厳禁です。彼は「面子」を潰されたと感じています。潰された「面子」は日本人が想像する以上に相当深刻な状況に陥っています。王さんには阿部さんの真意は伝わらないでしょう。たとえ、どんな理由があっても、中国人の「面子」を一度でも潰してしまうと、回復するには相当の時間を要します。回復不可能かもしれません。

「面子」を理解すると中国人が見えてきます。どんなときに「面子」を使うか、どんなときに「面子」にこだわるか、ビジネスの現場やプライベートのつきあいの中で、彼らの「面子」を意識しながら接してみてください。「面子」を理解することが中国人とうまくつきあっていくコツです。

【ポイント】中国ビジネス禁止事項×3

・人前で叱ることは「面子」を潰すことになる。「叱咤激励」もダメ。
・謝らせたり、罪を認めさせようとすることはダメ。謝ることに強い抵抗感を示す。
・一方的な指示や説明が不十分な指示はダメ。指示や説明はできるだけ具体的に話すこと。

「面子」にかけて(?)お礼を言わない中国人

何度もお礼を言うことは「催促」であり、「はしたないこと」と受け取られる

食事会でご馳走した翌日、中国人はお礼を言わないことが「あたりまえ」（?）というエピソードです。日本人には理解しにくいことですが、理由がわかれば、みなさんも「なるほど」と思うのではないでしょうか。

日本人の上司木村さん（仮名）はお酒を飲みながら日ごろの不満を聞いてあげようと思い、中国人の部下の蔡さん（仮名）を誘って居酒屋に行きました。もちろん食事代は木村さんが持ちました。上司として「あたりまえ」ですが、蔡さんの日頃の頑張りをねぎらう意味もあり、ちょっと奮発して雰囲気のいいレストランに連れて行きました。

いろいろな話をして、充実した時間を過ごしました。蔡さんも喜んでいるようです。「どうもご馳走様でした。これからもよろしくお願いします」と言って、蔡さんは帰路につき、「明日からまた頑張ってね」と言って、木村さんも帰宅しました。

別れ際、木村さんは部下の蔡さんといろいろな話ができて、本当によかったと思いました。

きっと明日からも頑張って仕事をしてくれるだろうと手ごたえを感じました。

翌朝、木村さんがオフィスに着くと、蔡さんはすでに自分のデスクで仕事をしています。「おはよう」と木村さんが声をかけると、「おはようございます」と蔡さんも朝の挨拶をしました。

「昨日はお疲れ様」と木村さんから一言、しかし、彼は黙々と仕事をしています。

「昨日はご馳走様でした」という言葉を期待していた木村さんはちょっとがっかりしました。

こんなとき、みなさんだったらどうでしょうか？　木村さんに「昨日はご馳走様でした」と一言お礼の言葉を言うはずです。

しかし、蔡さんからはその一言がありませんでした。お礼の言葉があって「あたりまえ」と考えていた木村さんはちょっと肩透かしにあったような気分です。

そして、「昨日何か悪いことを言ったかな?」と1人で考え込んでしまいました。

実は、こんなとき中国人は「昨日はご馳走様でした」とは言いません。お礼を言わないことが「あたりまえ」なのです。しかし、彼を礼儀知らずの中国人と思ってはいけません。

中国では翌日に「昨日はご馳走様でした」と改めてお礼を言うことは、「また私にご馳走してください」という「催促」の意味になります。「また私にご馳走してくださいね」という「おねだり」の意味なのです。

木村さんに「またご馳走してね」と「おねだり」することは、はしたないことなので、蔡さんはあえて「昨日はご馳走様でした」というお礼の言葉を言わなかったのです。

木村さんに対するお礼は、ご馳走になった日の別れ際にその場ですでに済ませてあるはずです。翌日にまで持ち越すお礼は「催促」と考える。こう考えるのが中国人なのです。彼らにとってはこれが当然のマナーなのです。こんなところにも中国人の「面子」があります。

彼はきっと「面子」にかけてお礼を言わないでしょう。それは木村さんに迷惑をかけたくないという気持ちからです。逆に、何度も何度もお礼を繰り返し言うのが日本人の習慣です。

「昨日はありがとうございました」「先週はありがとうございました」「先日はありがとうございました」など、何度も繰り返します。思い当たる人も多いのではないでしょうか。

しかし、中国人にお世話になったお礼を何度も何度も言うのはやめたほうがよさそうです。

お礼は心を込めて一度だけにしましょう。

【ポイント】何度もお礼を言わないのが中国人

・中国人の部下を食事に誘った翌日、「昨日はご馳走様でした」と言わない。
・翌日お礼の言葉を繰り返すことは、「また私にご馳走してください」という催促になる。
・催促することは「はしたない」と考えて、お礼を言わない。

中国人をステレオタイプ的に理解してはいけない。「共通項」を理解し、「4枚のフィルター」を使おう。

ポイントは「地域差」「世代差」「業界・職業差」「経歴・学歴差」

「中国人と台湾人はどう違いますか？　中国人と香港人はどこが違いますか？」

よくこんな質問を受けます。確かに地域が異なればそれぞれの文化があり、風俗や習慣も違います。そもそも中国人をステレオタイプ的に理解しようとするのは無理なことです。

中国は人口13億人、56民族からなる多民族国家です。その92％は漢民族ですが、北から南まで、沿海地域から内陸まで、風俗や習慣もそれぞれ違うさまざまな地域を抱えています。中国人をステレオタイプ的に理解するのは無理だと言わざるを得ないでしょう。

また、同じ中国人でも、都市と農村、業界や職業、学歴や所得差、置かれている環境の違いによってさまざまです。1人ひとりの個性や考え方の違いもあるでしょう。こうした多種多様な価値観を持っている人たちの集合体が「中国」であるという前提で、本書をお読みください。

しかし、私はいつもこう答えます。

まずは共通項をしっかり理解しましょう。たとえステレオタイプ的であっても、最大公約数の共通項が「基本」の部分です。「基本」をしっかり理解しないと「例外」が見えてきません。「例外」のそのまた「例外」を探し出すためには、「基本」をよりしっかり理解する必要があるのです。この「基本」の1つが第1章で取り上げる中国人の「タマゴ型コミュニティ」です。

中国人の価値観や仕事観について共通項をしっかり理解し、その上で4枚のフィルターを準備してください。色が違った4枚のフィルターを重ね合わせることによって、そこに何通りものグラデーションができます。その重なり合った色彩の1つひとつに違いを見つけることができるはずです。

4枚のフィルターとは、「地域差のフィルター」「世代差のフィルター」「業界・職業差のフィルター」「経歴・学歴差のフィルター」です。あなたが理解したい中国人に、このフィルターを重ね合わせてみてください。きっと理解したい特殊な部分が見えてくるはずです。

27ページの図2をご覧ください。「地域差のフィルター」の注意点は、中国、台湾、香港という捉え方ではなく、北京、上海、重慶、成都、広州、台北、香港といった都市ごとに地域を見ることです。同じ中国人でも、北京人と上海人ではその考え方や習慣が異なります。北と南、沿海地域と内陸、商業都市と工業都市など、地域によって価値観や考え方、風俗や習慣が違うはずです。

同様に「世代差のフィルター」で見ると、「文革世代」と「改革開放世代」ではまったく違った価値観を持っています。さらに「80後《バーリンホウ》」や「90後《ヂョウリンホウ》」など、新しい価値観を持った世代もいます。公務員、農民、軍人、医師、弁護士といった「業界・職業差のフィルター」を重ねてみることも必要です。同じ中国人でも、アメリカ留学から帰国した人もいれば、高卒・中卒で仕事に就く人もいるでしょう。これは「経歴・学歴差のフィルター」です。

4枚のフィルターを必要に応じて重ね合わせてみることによって、無数のグラデーションが生まれます。あなたはそのすべてを理解しようとするのではなく、あなたが理解したい中国人にフィルターを当てはめてみましょう。フィルターの種類と使い方を選べばよいのです。

繰り返しますが、中国人をステレオタイプ的に理解するのは難しいことです。日本人はとかく物事をステレオタイプに見て理解しようとしがちです。しかし、ステレオタイプ的な理解には限界があります。まずは「基本」を押さえ、どのフィルターを何枚重ね合わせるかはあなた次第です。

また、日本人が中国人を理解しようとするとき、まず最大公約数的な言葉を当てはめて、全体を理解し、大きな枠組みからその枠を少しずつ狭めていくことで理解を深めようとします。

しかし、中国人が日本人を理解するとき、枠にはめるのではなく、その本人自身を理解しようとします。それはそもそも、人それぞれが違う価値観や考え方を持っていることがあたりま

図２　中国人を理解するための「４枚のフィルター」

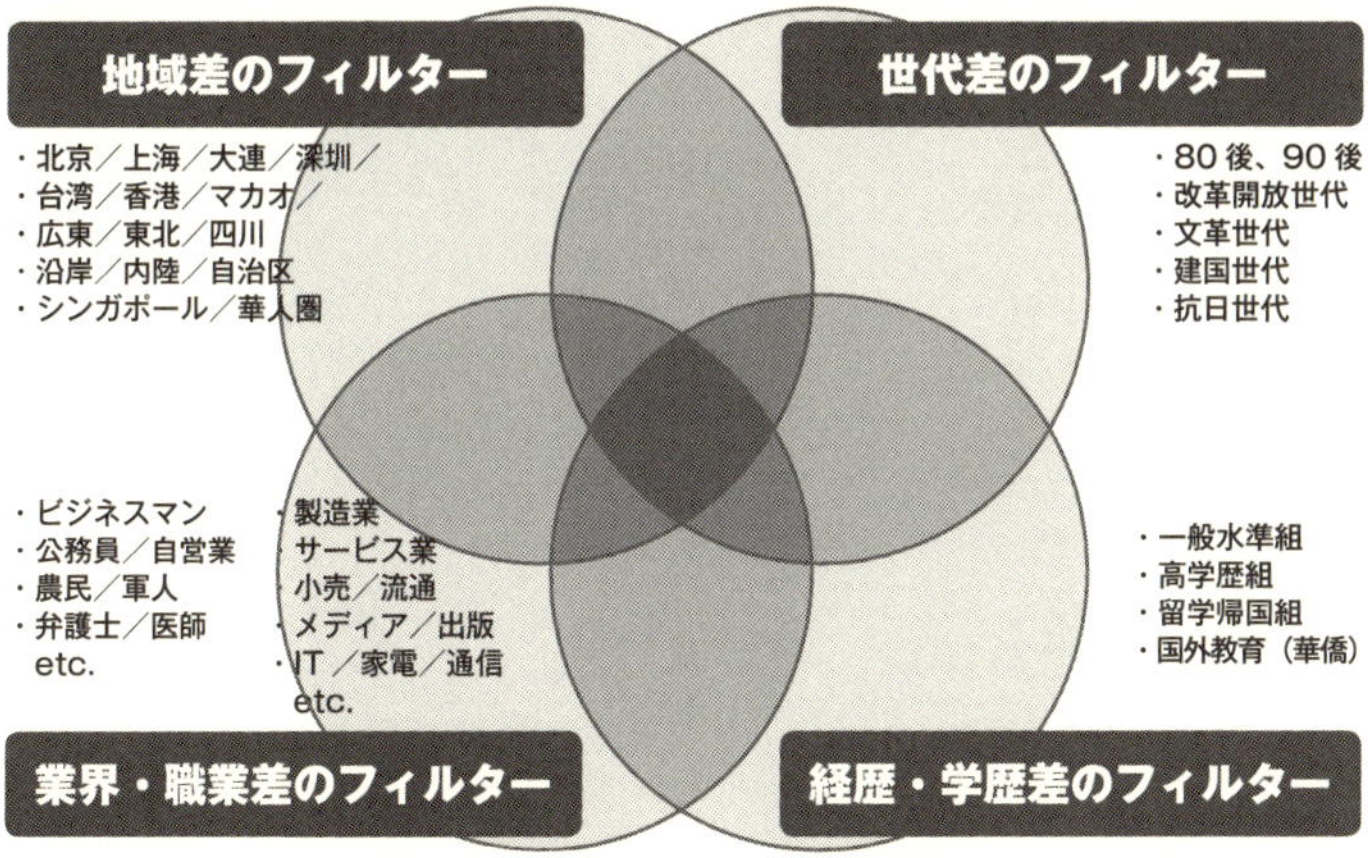
地域差のフィルター
・北京／上海／大連／深圳／
・台湾／香港／マカオ／
・広東／東北／四川
・沿岸／内陸／自治区
・シンガポール／華人圏
世代差のフィルター
・80後、90後
・改革開放世代
・文革世代
・建国世代
・抗日世代
・ビジネスマン
・公務員／自営業
・農民／軍人
・弁護士／医師
etc.
・製造業
・サービス業
・小売／流通
・メディア／出版
・IT／家電／通信
etc.
・一般水準組
・高学歴組
・留学帰国組
・国外教育（華僑）
業界・職業差のフィルター
経歴・学歴差のフィルター

４枚のフィルターを重ね合わせると無数のグラデーションが生まれる。

えと考えているからです。パターン化された枠の理解はその裏づけとして後で考えればいいのです。ストレートに接近していって本人理解から入ろうとするのが中国人です。

これが中国人の鋭い人間観察力と短時間で人を見極める人物評価力につながります。

さまざまな価値観を持つ中国人をステレオタイプに当てはめて理解しようとすることは無理かもしれません。しかし、本書ではあえてステレオタイプ的な書き方をしています。共通部分をまず理解し、４枚のフィルターを使って、みなさん自身が理解したいグラデーションを見つけ出していってください。

「パパ、どうしてキティちゃんには口がないの？」

中国や台湾は「主張することが評価される文化」、日本は「以心伝心」

中国や台湾は、自分の主張をはっきりすることが評価される文化です。時には、「面子」をかけて自己主張をします。まるでケンカをしているように主張をぶつけあうことが彼らの「あたりまえ」です。お互いの気持ちを悟り合いながら接点を探し出す日本人とは、コミュニケーション方法が違うのです。主張をぶつけ合いながら論点を見つけ出すのが中国流です。

娘がまだ保育園に通っていたころ、こんなことがありました。娘はハローキティが好きで、ぬいぐるみやおもちゃ、食器やちょっとした小物に至るまで、わが家にはキティちゃんグッズが溢れていました。

ある日、帰宅すると、娘が玄関に飛んできてこんなことを言い出しました。

「パパ、どうしてキティちゃんにはお口がないの？」

「えっ？」と帰りがけにいきなりの質問で私はちょっと戸惑いました。そう言われてみれば、キティちゃんには口がありません。今までまったく気がつきませんでしたが、改めて観察してみるとそうです。口がないことをこれまで不思議と思っていませんでした。

「キティちゃんはおしゃべりしないの？」と娘の質問は続きます。

「そうだね。きっとキティちゃんはおとなしいから、おしゃべりをあまりしないんだね」と苦し紛れに答えましたが、もちろん娘は納得していません。その晩は何度も何度も「どうして？どうして？」と質問攻めにあいました。

翌日、帰宅すると娘がまた玄関に走ってきました。今度はキティちゃんのぬいぐるみを抱えています。わが家で一番大きなキティちゃんのぬいぐるみです。大きさは60センチぐらい。ぬいぐるみの顔の大きさは娘の顔の2倍ぐらいあります。

「パパ、見て！　キティちゃんにお口を描いてあげたよ」とぬいぐるみを高く抱き上げました。

「えっ？」と思いましたが、見るとキティちゃんの鼻の下にマジックペンで大きく口が描いてあります。下向きに弧を描き、キティちゃんはニコニコ笑っているようです。

「これでキティちゃん、おしゃべりできるね」と娘も嬉しそうです。

「そうだね。キティちゃんとたくさんおしゃべりしようね」と娘に言いましたが、改めて「どうしてキティには口がないんだろう」と私の中の疑問はさらに深まりました。

後日、中国の友人にこの話をしました。中国人はどう思っているかを聞いてみようと思ったからです。以前、雑誌のコラムでこんな記事を読んだことがあります。「ハローキティに口がないのは女性差別の1つ。女性の発言権を封じようとする男性社会の傲慢」といった内容の記事でした。いろいろなことを思い巡らせながら、娘とのエピソードを中国の友人に話しました。

するとと、彼からは意外な結果が返ってきました。

「あなたはそんなことも知らなかったんですか？」と彼は私に不思議そうに言いました。

「実はまったく気にしていなかったけど、確かにキティちゃんには口がないですよね？」と言うと、

「それはね。キーワードは『以心伝心』ですよ」という彼の言葉。

「えっ？」と彼に聞きかえすと、彼は自説を詳しく披露してくれました。

「日本人は言葉で議論しなくても、お互いの立場を考え、気持ちを察して、譲り合う気持ちがあるでしょう。相手の気持ちを尊重し合う『悟り』の文化があるからです」というのが彼の解説でした。

「うーん？　だから口がない？」と納得しないでもないが、これでは娘に説明するのはかなり難しい。そのときのやり取りを要約すると、彼の持論は次のようになります。

中国では「主張することが評価される文化」です。ビジネスの現場でもプライベートでも、言うべきことは遠慮なく口に出して議論することが大切です。一方、日本はいちいち口にしなくても空気を読み、相手の気持ちを悟り、自分の気持ちを悟ってもらうという期待感を大切に

します。ビジネス交渉では、合意点を探り合いながら、基本的にできるだけ衝突せずに結論を導き出そうとします。

また、「議論は消去法で進む」というのが、中国のコミュニケーション方法です。ミーティングの席上、徹底的に言いたいことを主張して、議論を深めていくのが中国流です。お互いの主張をぶつけ合い、消去法で論点を絞っていくのが中国人の手法なのです。

一方で、気持ちを互いに察し合うことで、口から出る言葉はすでに合意点（妥協点）に限りなく近づいているというのが日本流のコミュニケーション方法です。日本語には「空気を読む」という言葉があります。「以心伝心」「阿吽《あうん》の呼吸」という言葉もあります。

「キティちゃんに口がないのは、日本の『以心伝心』の象徴だよ」というのが、彼の自説です。わからなくもないですが、ちょっとこじつけっぽい気がしないでもありません。しかし、「キティちゃんの口」を独自の異文化論で説明するあたりはちょっと感服しました。熱弁を振るう彼の真剣さがひしひしと伝わってきました。食事会の席では仲間達に対して独自の「キティちゃん論」でまじめに日本文化を論じるそうです。

あくる日、帰宅すると娘がまた玄関に飛んできました。

「パパ、キティちゃんの口、大きくしてあげたよ」とキティちゃんを抱えて走ってきます。

見ると、マジックで口元の上半分にも弧を描き、キティちゃんは大きな口を開けています。

「これでご飯もたくさん食べられるね」と無邪気な娘は嬉しそうにキティちゃんを抱きかかえています。

「そうだね、よかったね」と言いながら、「そうか、キティちゃんは今までずっと空腹(?)だったのか」と新しい発見。子供ながらも娘の観察力と着眼点には脱帽でした。しかし、「あんな大きな口で『自己主張』ばかりするわがままな大人にはなってほしくないな」と独り言。

黄ばみが目立ち、だいぶ古くはなりましたが、わが家のキティちゃんのぬいぐるみはまだ健在です。今でも大きな口を開けています。

【ポイント】中国は主張することが評価される文化

・主張すべきことは遠慮なく主張する。喧嘩をしているような話し方で自己主張する。沈黙は敗北。
・「イエス」は「イエス」と言う。「ノー」は「ノー」と言う。曖昧な表現を避けて主張する。
・主張し合うことで論点を見つけ出す。論点を絞込み、議論は主張内容の消去法で進む。

知らず知らずのうちに中国人の「面子」を傷つけていませんか？

異文化理解は「日本ではあたりまえ」を疑ってみることから始まる

異文化理解を深めるために3つの段階を意識してみてください。第1の段階は「気づき」、第2の段階は「自己確認」、そして第3の段階は「接点探し」です。

まず、異文化理解の第一歩は「気づき」です。私たちは「あたりまえ」だと思っていることで実はそうではないことがたくさんあります。日本人が「常識」だと思っていることが実は世界から見ると「非常識」だったということもあります。「あたりまえ」でないことに気づく、これが異文化理解の第一歩です。

①中国人に時計を贈ってはいけない

「えっ、知らなかった。そうなんだ……」

これも「気づき」です。「時計を贈る」という中国語は「送鐘《ソンヂョン》」（song zhong）と言います。これは「死者を送る」「死に水を取る」という意味の「送終《ソンヂョン》」（song zhong）と同じ発音なのです。したがって、置時計や目覚まし時計をプレゼントすることは厳禁です。「取引先の事務所の開設祝いに掛け時計をプレゼントしたばかり。もう少し早くそのことを知りたかった……」。あるセミナーでの参加者のコメントです。

時計を贈ってはいけないということを知ってさえいれば、犯さなくて済んだミスでしょう。「気づき」がちょっと遅かったようです。

②中国人に冷めた食事を出してはいけない

これも「気づき」です。ついつい犯してしまうミスは、ミーティングの最中に出す昼食のお弁当です。みなさんは中国人に熱々のお弁当を出しているでしょうか？　冷めたお弁当を出したことのある方もいらっしゃるのではないでしょうか？

たとえ有名な料亭の高級仕出し弁当でも、冷めていたら台なしです。まったく箸をつけない中国人もいるくらいです。熱々の料理を出すことが中国では「あたりまえ」です。冷めた弁当は、それがどんなに有名な料亭の高級な仕出し弁当でもお客さまにたいへん失礼な食事を振る舞うことになります。

③「乾杯」と言ったら、グラスのお酒を全部飲み乾さなくてはいけない

これはご存知の方も多いでしょう。「乾杯」とは文字通り「杯」を「乾す」ことです。グラスのお酒を飲み切らずに残すことは失礼にあたります。つまり、日本語の「一気飲み」の意味です。最後まで飲み乾さなければなりません。

④出された料理は残さないといけない

出された料理を全部食べてしまうと、相手の「面子」を潰すことになります。ゲストが食べ切れないほどたくさんの料理でおもてなしをしたというホストの「面子」です。

これらの1つひとつが「気づき」です。自分たちとの違いに気づくこと、習慣の違いや価値観の違いに気づくこと。これが異文化理解の第一歩です。

違いに気づいたら、次の段階は自分たちの習慣や考え方を再確認してみることです。第2の段階が「自己確認」です。「自分たちはどうだろう?」と自分たちの習慣や考え方に目を向けてみることです。贈っていい物、喜ばれる物、食事のマナー、お酒の飲み方など、相手との違いを1つひとつチェックしてみること。これが「自己確認」の段階です。

昼食では、冷めたお弁当でも食べるのが日本人です。私ならレンジでチンしたコンビニ弁当より、有名料亭の高級仕出し弁当のほうを迷わず選びます。たとえ冷めていてもです。老舗の料亭では、冷めてもおいしいてんぷらの揚げ方、冷めてもおいしいご飯の炊き方、そんな工夫と気配りがあるそうです。

しかし、中国人にはこうした気配りはまったく通用しません。冷めた料理はやはり食べないのです。中国人には、冷たい高級仕出し弁当よりもレンジでチンした熱々のコンビニ弁当のほうが喜ばれます。

また、日本では、料理を残すことは失礼にあたると考える人が多いでしょう。私も「美味しかった」と言って出された料理を残さず食べることがホスト役に対するマナーと考えます。

しかし、「自分たちはどうだろう」という視線を自分自身に向けてみたり、自分たちの考え方や価値観を改めて見つめ直してみることで、相手との違いがより明確になります。「もしかしたら、日本人のほうが特殊なのかもしれない」という事柄も見えてくるかもしれません。

「気づき」と「自己確認」の次の段階が「接点探し」です。お互いの違いがはっきり確認できた上で、その「接点」はどこにあるのかを考えてみることが重要です。譲れる部分と譲れない部分、譲ってもいいこと、譲ってしまったほうがいいこと、譲っても意味がないこと、絶対に譲れないことなど。

相手との「接点」になり得る部分を1つひとつ探っていきます。なんでも相手のやり方に合わせてしまうのではなく、この「接点」を見つけ出す作業が最も重要なポイントです。

みなさんはまず「気づき」というアンテナを張るところから始めてください。アンテナを広げ、感度を調整して、異文化間で起こるギャップを敏感にキャッチすることです。「気づき」がないと、異文化理解を次のステップに進めることができません。

「郷に入らば郷に従え」という言葉がありますが、実は私はあまり好きな言葉ではありません。すべてを相手に合わせる必要はないのです。接点を見つけ出すことが大切です。

「郷に入らば郷に従え」ではなく、「郷に入らば郷に気づけ」というのが私の持論です。異文化理解はまず「気づき」の段階から始まります。そして、3つの段階を常にイメージしてみてください。

ビジネスで中国人とうまくつきあっていくためにも、まず、この「気づき」を意識しながらコミュニティ感覚の違いに目を向けてみたいと思います。第1章では、中国人の「タマゴ型コミュニティ」を考えてみましょう。

【ポイント】異文化理解の3つの段階
- 「気づき」　相手の違う点に「気づく」ことが異文化理解の第一歩。
- 「自己確認」　違うポイントに関して自分たちの考え方やり方を再確認。
- 「接点探し」　譲れるところ、譲れないところを見直し「接点」を見つけ出す。

■知っておくと役立つ「お酒の席」の豆知識①

〈覚えておきたい3つの言葉〉

「乾杯《カンペイ》」……グラスのお酒をぜんぶ飲み乾すこと。一気飲み。

「半杯《パンペイ》」……グラスのお酒を半分だけ飲むこと。

「随意《スイイー》」……グラスのお酒をちょっとだけ飲むこと（「随意」は自分の好きなだけ、飲めるだけという意味）。

※「随意」より「半杯」、「半杯」より「乾杯」、相手が強いカードを出してきたら相手に合わせなければならない。トランプのカードと同じで「乾杯」が一番強い。

第1章

中国人の「タマゴ型コミュニティ」を理解する

「タマゴ型コミュニティ」を理解することが中国人理解の第一歩

中国人が会社よりも家族や友人を大切にする理由

中国人は独特なコミュニティ感覚を持っています。家族や強い絆で結ばれた仲間が中国人のコミュニティの基本単位になっています。私はこれを「タマゴ型コミュニティ」と名づけました。

図3をご覧ください。タマゴの胚の部分が「自己《ズージー》」です。これは自分自身という意味です。タマゴの卵黄（黄身）の部分が「自家人《ズージアレン》」です。自分を守ってくれる一番身近なコミュニティ単位が家族です。同時に、自分自身も家族を守るために働かなければなりません。タマゴの卵白（白身）の部分には「自己人《ズージーレン》」という仲間がいます。家族と同じくらい大切な仲間、絶対に人を裏切らない、固い絆で結ばれた仲間です。

タマゴの殻の部分はたとえると「シェルター」です。外圧を跳ね返し、自分たちのコミュニティを守るための「シェルター」の役割をしているのがタマゴの殻の部分です。外敵を食い止めて敵から身を守る「城壁」と言ってもいいでしょう。タマゴの中では家族や固い絆で結ばれ

図3　中国人の「タマゴ型コミュニティ」

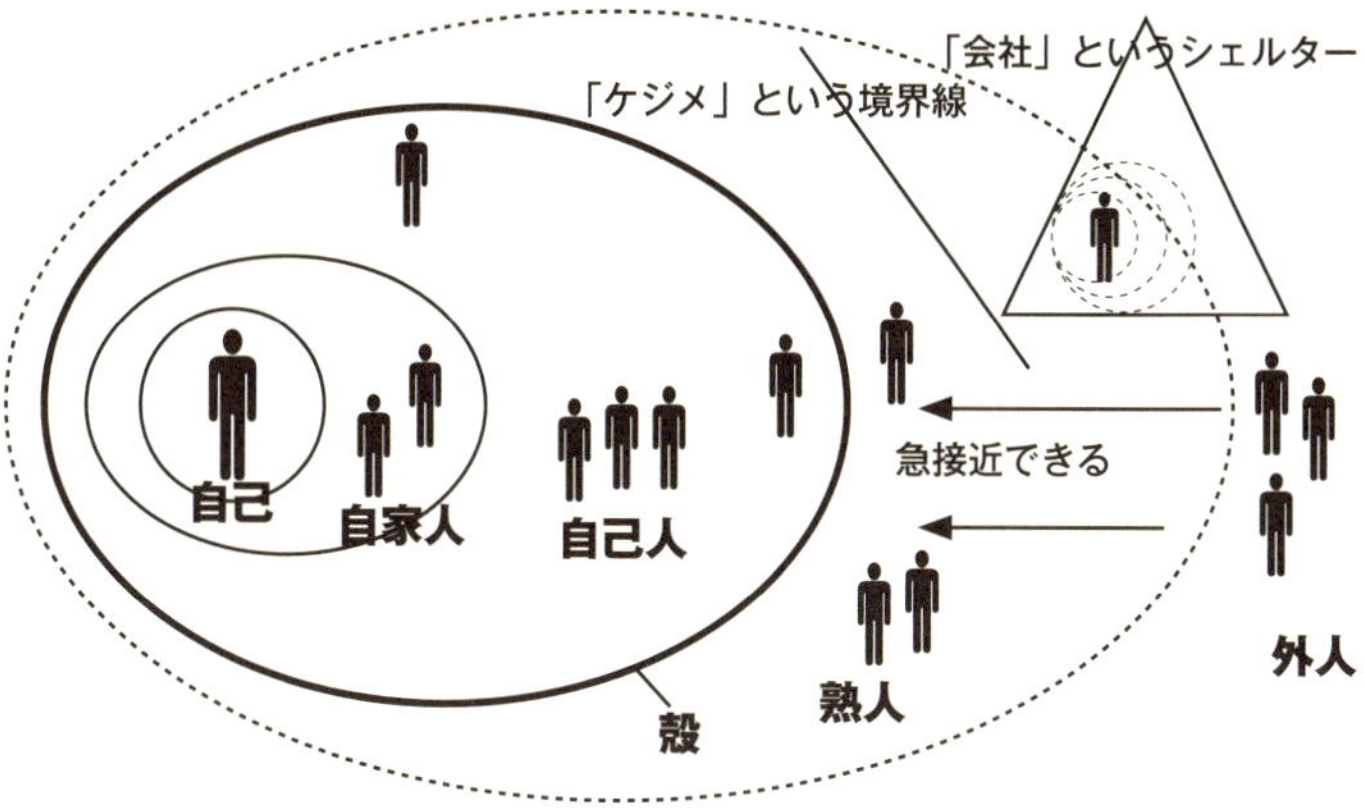
「会社」というシェルター
「ケジメ」という境界線
自己
自家人
自己人
急接近できる
外人
熟人
殻

「タマゴの殻」はシェルター・城壁
「タマゴの関係」とは、コミュニティを守るセーフティネット

た仲間たちが互いに助け合って生きています。中国人はこうした独特のコミュニティ感覚を持っているのです。

革命や内乱や飢饉や自然災害が繰り返されてきた長い歴史の中で、「自分の身は自分で守る」という肌に染みついた皮膚感覚の「自己防衛本能」を持っているのが中国人です。自分たちを守るために、この「タマゴ型コミュニティ」が一種のセーフティネットとして機能しています。

一方、「会社」というシェルターに守られてきたのが日本人です。「会社は人を育て、会社は社員を守る」「社員も会社のために忠誠を尽くす」というのが日本人の考え方です。中国人的な「タマゴ型コミュニティ」より、「会社」というシェルターを自分の人生設計の基本にします。

あるとき、「仕事を辞めた」と台北の友人からメールがありました。彼はＩＴベンダーの開発エンジニアです。

「これからどうするの？」とさっそくチャットで連絡を入れてみました。

「どうしようかな？　これまでちょっと忙しすぎたし……」と慌てた様子はまったくなく、次の就職先を必死で探している様子ではありません。むしろ、仕事の重圧から解放されて、ひさびさに訪れた「自由」にちょっとほっとしている様子です。

「本当にこれからどうするの？」と余計なお世話ですが、心配しないわけにはいきません。

自分の技術やスキルを磨いて仕事を探し、理想的な仕事に就くためにはさらに自分の技術やスキルを磨いて、自分自身をスキルアップさせていくのが台湾人エンジニアです。彼は30代前半。結婚はまだですが、同じくＩＴベンダーでバリバリ働いている彼女がいます。

「どうしようかな？　アメリカの友人のところへ行ってのんびりしようかな」

彼はこの後、本当に友人を頼って、アメリカに行ってしまいました。帰ったのは1カ月後。

「休養も兼ねたプチ家出」というのが彼のコメント。彼女も公認だそうです。

中国人や台湾人のビジネスマンは、技術やスキルを磨き、常に自分の「時価」に敏感です。自分を高く買ってもらうためには、自分自身のスキルアップに貪欲に取り組みます。「会社」

というシェルターに頼らない生き方はこんなところにも垣間見ることができます。

衛星放送の報道番組で、急なリストラに遭い、ハローワークに通ってもなかなか次の仕事が見つからない日本人の様子が放送されていました。彼も同じ番組を見たそうです。

「リストラされるまでどうして彼は会社を辞めようとしなかったのですか？」と彼からの質問。スキルアップのための転職をしない日本人を、彼は不思議に思えて仕方ないようです。


【ポイント】「タマゴ型コミュニティ」の理解が中国人理解の基本
・「タマゴ型コミュニティ」とは、家族や友人を大切にする独特な中国人のコミュニティ感覚。
・「タマゴの殻」とは、コミュニティを守る「シェルター」、外圧から自分たちを守る「城壁」。
・「タマゴの関係」とは、家族や仲間が助け合いながら生きていく「セーフティネット」。

「タマゴ型コミュニティ」は1つだけとは限らない

中国人は会社とプライベートを境界線で分けない

前項の「タマゴ型コミュニティ」の発展型が「花びら型セーフティネット」（図4）です。中国人が持っている「タマゴ型コミュニティ」は1つだけではありません。自分を中心とした同心楕円状に複数のタマゴを持っています。これが花びらのような形をしています。これを「花びら型セーフティネット」と名づけました。

花びらの1枚1枚が「セーフティネット」となり、その中にさまざまな仲間との結びつきがあります。その仲間もそれぞれ自分を中心として同心円状に複数の「花びら」を持っています。こうしたつながりが有機的に結びついているのが中国人のコミュニティの特徴です。

花びらは1つだけではないという点がポイントです。仕事のつながり、趣味のつながり、地域のつながり、職業のつながり、スポーツの仲間、音楽の仲間、株の仲間など、複数の花びらを持っています。花びらの枚数は仲間の種類です。花びらの大きさは仲間の人数です。

また、同じ花びらでも強い結びつきの仲間もいます。緩やかな結びつきの仲間もいます。た

図4　中国人の「花びら型セーフティネット」

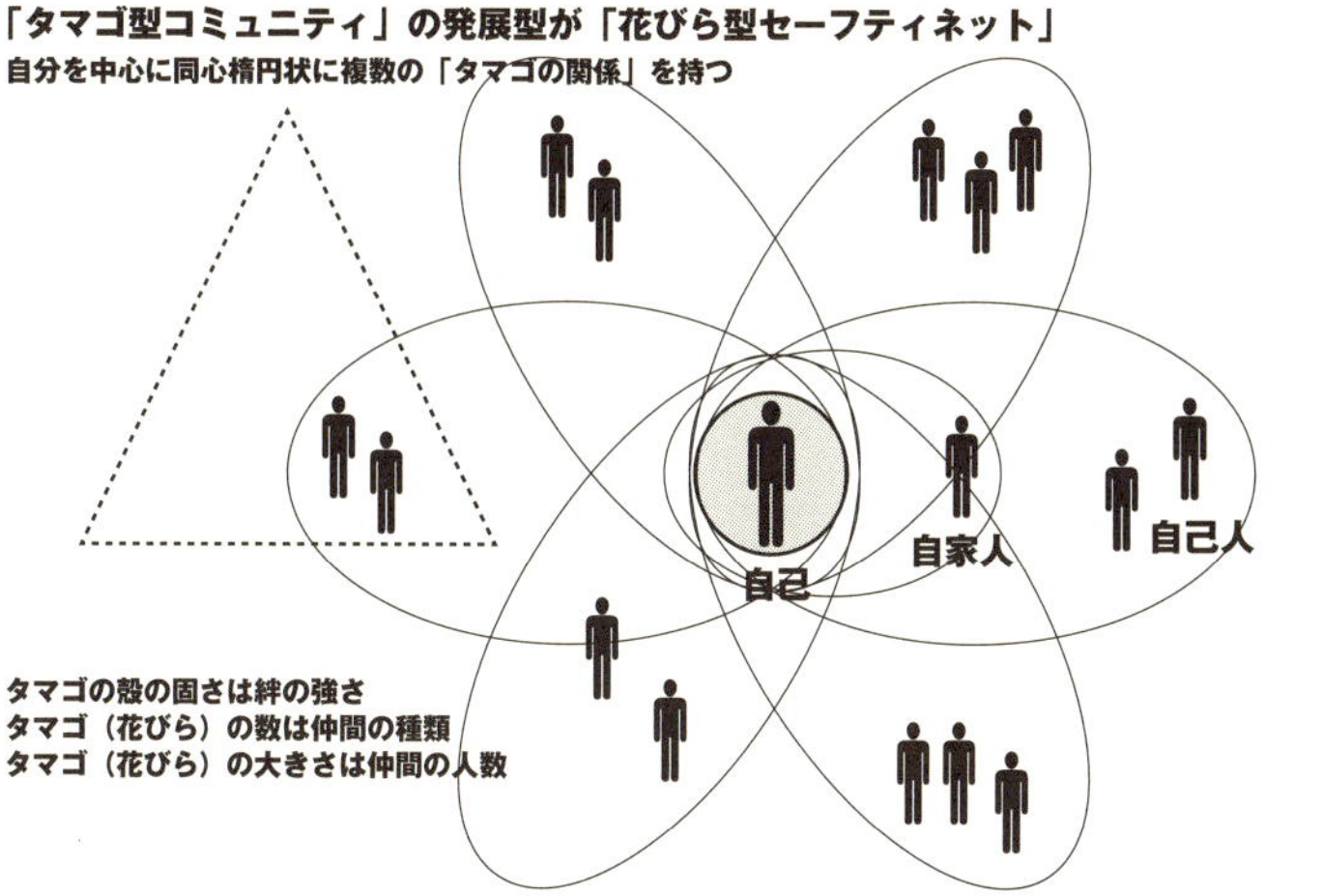
「タマゴ型コミュニティ」の発展型が「花びら型セーフティネット」
自分を中心に同心楕円状に複数の「タマゴの関係」を持つ
自己
自家人
自己人
タマゴの殻の固さは絆の強さ
タマゴ（花びら）の数は仲間の種類
タマゴ（花びら）の大きさは仲間の人数

とえば、趣味の仲間や旅行好きのグループは比較的緩やかな結びつきの花びらです。1人ひとりの価値観やその人の生き方、「志」によって花びらの形も広がりもさまざまです。こうした花びら状にネットワークを張り巡らし、これがセーフティネットの役目を果たしています。

一方、日本人はどうでしょうか？　日本では「会社」というセーフティネットが基本単位なのではないでしょうか。日本は「会社」というピラミッドがセーフティネットの役割を果たし、組織に所属することが仕事と生活の基本となります。会社に入ると、長期的かつ安定的な雇用を期待するのが日本人の特徴です。

日本人は「会社」という自分が所属するコミュニティを強く意識した生き方をします。会社側は組織というセーフティネットで社員を守り、人を育て、長期的に安定した雇用を約束します。社員も会社のために働き、会社に貢献することを「使命」と考えます。

日本人も中国人と同じように家族や友達は大切な存在であり、人と人とのつながりを大切にするという点では変わりないはずです。家族の絆や仲間との絆を大切にすることは、日本人でも中国人でも同じでしょう。

しかし、日本人は「会社」というセーフティネットを人生設計の基本と考えます。社員は会社に忠誠心を尽くし、頑張って働くことで、組織の一員としての責任を果たします。会社の目標と自分がやりたいことを一致させるのはなかなか難しいことです。しかし、自分の夢と会社の目標が一致し、自分の夢を会社の中で具現化することができたら、その人の人生にとってたいへん幸せなことではないでしょうか。

また、会社と家庭を切り分けて考えるのが日本人です。仕事の上のつきあいとプライベートのつきあいを分けて考えます。日本語では、「公私混同」はいけないこと、「ケジメ」という言葉を使って切り分けて考えるのが日本人です。仕事は仕事、プライベートはプライベートと分けて考えるのが基本です。

一方、中国人は「会社」というコミュニティにセーフティネット機能としての多くを期待していません。会社とプライベートとの境界線が極めてグレーです。この2つを切り分けずに

「花びら型セーフティネット」の有機的な結びつきの中で絶妙に使い分けます。家族で会社経営したり、親戚や一族を会社の役員に就けたりすることもこうした背景からです。

「会社」というコミュニティに期待せず、独自のコミュニティ感覚で生活設計や人生設計を考えるのが中国人です。会社に忠誠心を尽くして一生面倒見てもらう（？）のではなく、会社に在籍することをスキルアップの手段と割り切る中国人も少なくありません。

「日本人は仕事とプライベートをケジメという境界線で切り分けますね」

こう話してくれたのは実は上海人の友人です。彼は日本の大学を卒業し、日本で働いています。ジャパンポップスが大好きで、その分野では私よりはるかに事情通です。

「会社と家庭を切り分けるケジメという境界線はどこにあるか知っていますか？」と居酒屋で彼は突然こんなことを言い出しました。

「境界線？　それってちゃんとあるんですか？」と私が聞き返すと、

「長年ずっと考えていましたが、それがやっと解明できました」と彼は満足そうな様子です。

「私は見つけましたよ。それは、『最寄り駅の改札』ですよ」と彼は得意顔です。

「？？？」と戸惑い、返す言葉を探しましたが、その答えは彼の大好きなファンキー・モンキー・ベイビーズのヒット曲『ヒーロー』の中にありました。

「最寄り駅の改札抜ければ、いつもよりちょっと勇敢なお父さん……♪♪」

彼の解説によると、どうやらケジメという境界線は「最寄り駅の改札」にあるらしいのです。この境界線を越えると、お父さんはスイッチを仕事モードに切り替えます。満員電車に揺られて会社というビジネスの戦場に赴くのです。

お酒の勢いもあって、彼は陽気にこの歌の解説と彼流の解釈を延々と話し続けました。

実は、私自身、前作『すぐに役立つ中国人とうまくつきあう実践テクニック』の執筆中、毎日のようにこの曲を聞いて、曲の歌詞に励まされながら原稿の執筆を続けました。私の「最寄り駅の改札」の近くにファミレスがあり、会社帰りにこのファミレスに立ち寄って原稿執筆を続けました。ファミレスの入り口では「人知れずファイティングポーズ」をしたものです。

「世の中のお父さんに乾杯。最寄り駅の改札に乾杯」と彼は叫びます。

「お父さんたちのファイティングポーズに乾杯」と、その晩は『ヒーロー』を肴に、ふたりで熱く語り合いながら、夜遅くまで居酒屋で酒を飲みました。

【ポイント】中国人の「花びら型セーフティネット」とは

・自分を中心とした同心楕円状に複数の「タマゴの関係」を持っている。
・花びらの大きさは仲間の人数、花びらの枚数は仲間の種類。
・花びらの固さは人間関係の結びつきの強さ、花びらの境界線が中国人のセーフティネット。

知っている人にはフレンドリーで、知らない人には冷たいのが中国人

中国人とうまくつきあうには、「外人」から「熟人」へ一気に近づくのがポイント

知っている人にはフレンドリーですが、知らない人にはなんとなく冷たい感じ。これが中国人の特徴です。しかし、ほんの少し言葉を交わすだけで、急接近で友人になれるのも中国人の特徴です。キーワードは「急接近」です。

51ページの図5をご覧ください。右側の領域は「外人《ワイレン》」です。「知らない人」という意味です。そして「タマゴ」の縁が「熟人《シュウレン》」です。「知っている人」という意味です。

この「外人」から「熟人」の位置まで、一気に急接近していくことができるのです。初対面の相手でも、この距離を一気に縮めて早く友人になってしまうほうが得なのです。遠慮せずに一気に距離を縮めて友達になること。これが中国人とうまくつきあうポイントです。

1つの事例を紹介しましょう。

友人の三島さん（仮名）は天才的なコミュニケーション能力を身につけています。それはどんな中国人とでもすぐに友達になってしまう能力です。彼の中国語は初級レベル、お世辞にも

上手とは言えません。しかし、誰とでもすぐに友達になってしまう才能は超一流です。明るく社交的な性格で、初めて会う人でも気さくに話しかけ、いつの間にか場を和ませます。

上海で彼が住んでいるマンションの近くにカルフールがあります。彼といっしょにこのカルフールに買い物に行ったときのことです。「三島さーん」と言って、カルフールの店員の女性が売り場のはるか向こう側から手を振って彼に近づいてきました。

「こんなところにも友達がいるのかな？」と私は独り言。彼も手を振って応えます。

「あれっ？　そう言えば、三島さんってそんなに中国語上手だったっけ？」と私はまた独り言。

彼が中国語を学んでいることは知っていましたが、この数カ月でカルフールの店員と世間話ができるほど上手くなったとは思えません。彼の中国語はまだまだ初級レベルのはずです。

「やあ、元気？　この前は謝謝《シェシェ》。助かったよ。サンキュー」と彼は彼女に話しかけます。

いきさつを聞いてみると、先日三島さんが布団を買いに来たとき、この店員さんにたいへんお世話になったそうです。品物選びや品質のチェックまで、彼女からいろいろとアドバイスを受け、最終的には彼女お勧めの布団に決め、彼女はその布団をタクシーに載せるところまで親切に運んでくれたと言います。

「どうやってコミュニケーションをとったんだろう？」と私はまた独り言。2人の会話をもう一度じっくり観察してみました。

図5　「外人」（知らない人）と「熟人」（知っている人）

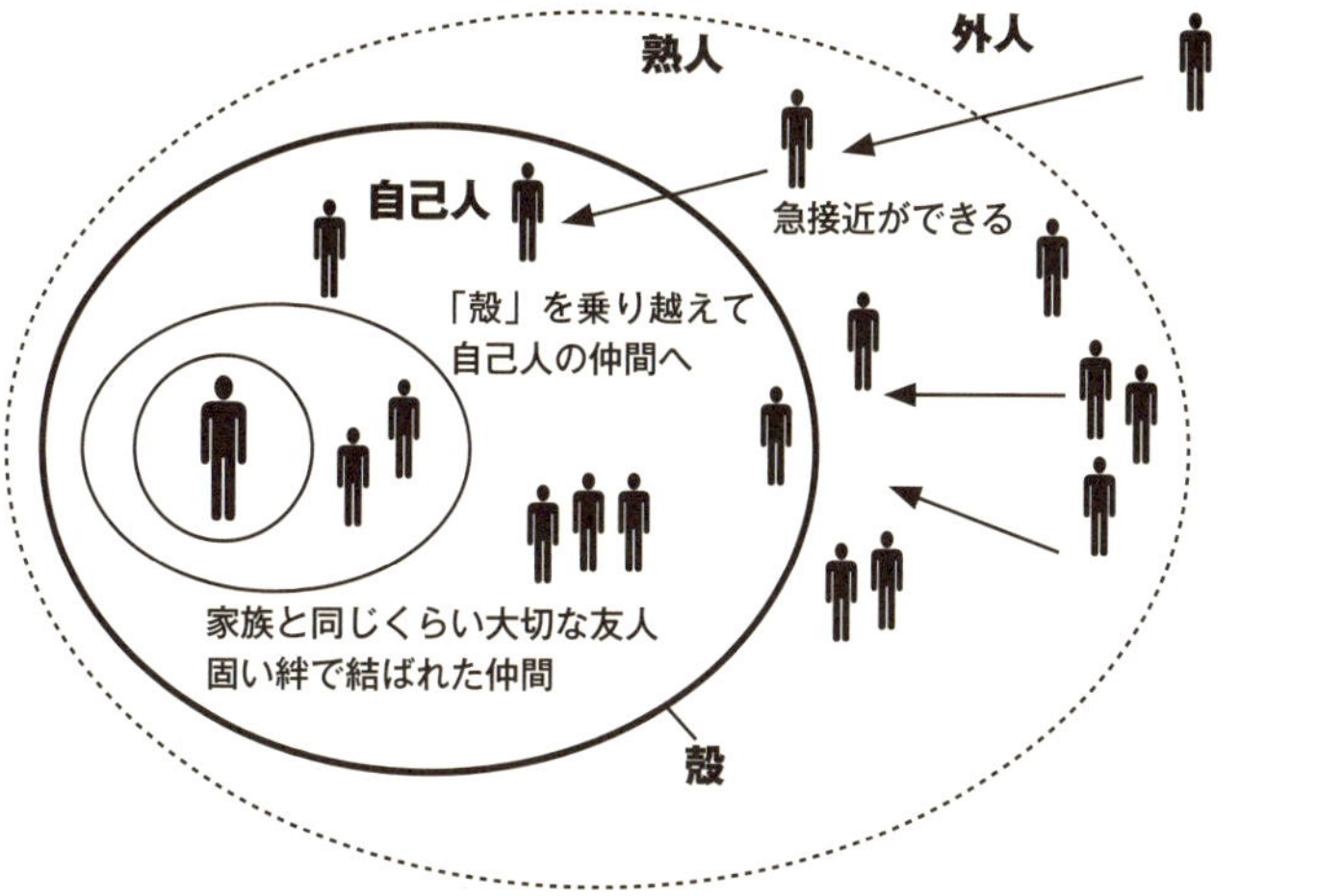
外人
熟人
自己人
急接近ができる
「殻」を乗り越えて
自己人の仲間へ
家族と同じくらい大切な友人
固い絆で結ばれた仲間
殻

「好久不見《ハオジウプージエン》、最近好嗎《ヅイジンハオマ》？」（おひさしぶり、最近どう？）と彼女は中国語で話しかけてきます。

「還好《ハイハオ》。まあまあです。サンキュー。你呢《ニーナ》？」

と彼も答えます。片言の中国語に日本語と英語を交えて2人の会話は終始こんな調子で続きました。

時には英語の単語を並べて、時には筆談で、なんとか会話をスムースに進めていきます。今日の買い物は食材です。筆談にボディランゲージも交えて、コミュニケーション方法を総動員して、彼女に探している食材を告げていきます。

「これはすごい……」と私はまた独り言。

コミュニケーションの基本は何かを伝えようとする「気持ち」です。お世辞にも中国語が流暢とは言えない彼は、筆談にボディランゲージを加えて、片言の中国語に中学英語を交えて、会話を進めていきます。時にはオーバージェスチャーなほどのボディランゲージを加えて。

「三島さん、どこに行っても友達がいますね」と帰り道に彼に話しかけます。

「她是我的朋友《ターシーウオダポンヨウ》、老朋友《ラオポンヨウ》」と彼はニコニコ顔ですが、やっぱり中国語の発音はいまいち怪しい。

「ちゃんと発音と四声を勉強したほうがいいですよ」と彼にアドバイスしました。

中国語は発音と四声をしっかりマスターしないと、後でたいへん苦労するからです。「発音と四声は短期集中で徹底的に集中レッスン」というのが私の持論です。この段階を疎かにして、何年中国にいても、初級の「壁」を突破できない日本人駐在員の方を何人も知っています。日常会話はある程度不自由なくできるようにはなりますが、その先の段階へ進めないのです。

「没関係《メイグアンシー》。大切なのはハートね。大家都是老朋友《ダージアドオシーラオポンヨウ》ね。ハッピー、ハッピー」と相変わらずめちゃめちゃな話し方。彼は私のアドバイスを笑いで吹き飛ばし、今日もカルフールへ向かいます。


【ポイント】「外人《ワイレン》」とは知らない人、「熟人《シュウレン》」とは知っている人

・知らない人には冷たく、知っている人にはフレンドリー。
・「外人」から「熟人」へ急接近できる、すぐに友達になれることが中国人の特徴。
・筆談やボディランゲージ、片言中国語や中学英語でも気持ちを伝える姿勢が大切。

「自己人」とは、家族と同じくらい大切な仲間

あなたは「家族」と同じくらい大切な「友人」がいますか？

「あなたは家族と同じくらい大切な友人がいますか？」

セミナーで受講生のみなさんにこんな問いかけをすることがあります。セミナー会場は一瞬ざわざわっとしますが、その後で顔を見合わせて考え込んでしまう人も多いようです。

みなさんが気になるのは、この「家族と同じくらい」というフレーズです。

そうです。日本人には友人の大切さを考えるとき、「家族と同じくらい」という基準で考えないのではないでしょうか。友人は友人として大切です。もちろん家族も大切です。しかし、「家族と同じくらい」という基準で友人を見ないのです。

「タマゴ型コミュニティ」の「自己人」とは、この家族と同じくらい大切な友人です。タマゴの殻の内側で強い絆で結ばれた仲間です。「親友」「いい友達」「気の合った仲間」など、さまざまな言い方ができますが、単なる友人や仲間ではなく、もっと深い結びつきがあります。

「自己人」の仲間とは、固い絆で結ばれた仲間、人を裏切らない仲間、絶対的な信頼関係の上

に成り立っている仲間です。この人を絶対に裏切らない信頼関係は、日本人が想像する以上の強い絆で結ばれています。それが「タマゴ型コミュニティ」の殻の内側の仲間なのです。「外人」の位置からタマゴの殻のところまでは急接近できますが、このタマゴの殻を破って中に入り込むのはたいへんです。コツコツと信頼関係を1つひとつ積み重ねて、一歩一歩近づいていかなければなりません。もちろん、一度でも人を裏切ったりすると、2人の関係は完全に崩壊してしまいます。

中には、「タマゴの殻」という敷居を低くして、すぐに中に入れてくれる中国人もいます。しっかりとした「自己」を持ち、自分自身に自信がないと、「外人」をそう簡単には入れてくれないはずなので、そういう人は、たいへん懐の深い人か、またはよほど無防備な人です。逆に、とてもしたたかな人かもしれません。1人ひとりを選別して関係を深めていくよりは、まず一気にタマゴの中に取り込んで、その後でつきあいたくない人物をどんどん追い出していくという方法もあります。考えようによっては、この方が効率的です。

ここで「タマゴの関係」にもう1つの考察を加えます。タマゴの種類を大きく2つに分類することにしました。1つは「ハードなタマゴ」、もう1つは「ライトなタマゴ」です。

「ハードなタマゴ」とは、結びつきの強い絶対に人を裏切らない仲間です。重要な仕事の仲間、お金の貸し借りをしたり、保証人を引き受けたり、結びつきが強ければ強いほどタマゴは硬い殻になります。裏切ったり、裏切られたりすると、深刻な結果が待っています。鉄の掟で結ばれた関係です。

もう1つは「ライトなタマゴ」です。ご近所の仲良しさん、趣味の仲間だったり、遊び仲間だったり、お茶の仲間だったり、これがライトなタマゴの仲間です。旅行好きのグループ、カラオケ友達、太極拳やダンス、スポーツクラブの仲間など、緩やかな結びつきですが、大切な仲間です。これは容易に入っていくことができるハードルの低いタマゴです。鉄の掟（？）はありませんが、一定のルールで仲間を大切に思う気持ちには変わりありません。

家族と同じくらい大切な友人は絶対の信頼関係で結ばれた仲間です。「ハードなタマゴ」もあれば、「ライトのタマゴ」もあるはずです。ここでもう一度考えてみてください。

「あなたはタマゴをいくつぐらい持っていますか？」

「あなたは家族と同じくらい大切な友人がいますか？」

【ポイント】「自己人」とは？

・家族と同じくらい大切な友人
・強い信頼関係で結ばれた人を裏切らない友人
・固い絆で結ばれた志を同じにする仲間

人間関係を深めたかったら、積極果敢に「タマゴ」の中に飛び込んでいこう

「八方美人」になる必要なし、タマゴは数より質で勝負！

「先生はいくつぐらいのタマゴを持っていますか？」セミナーでこういう質問をよく受けます。「10個ですか？　20個ですか？」「どうやったらタマゴをたくさん作ることができますか？」

中国ビジネススキルアップ研修の講師だから、たくさんの「タマゴ」を持っているだろうと思う方が多いようです。

確かに、語学研修時代から数えると、中国人や台湾人とのつきあいは30年近くになります。しかし、残念ながらそんなにたくさんの「タマゴ」を持っているわけではありません。自信を持って「タマゴの関係」と言えるのは、みなさんの期待に反して、せいぜい片手の指の数くらいです。「ライトなタマゴ」にまで範囲を拡大すれば、もう少し多くなりますが、「タマゴ」を「固い絆で結ばれた人を裏切らない仲間」と考えると、やはり4つから5つぐらいです。

しかし、「タマゴ型コミュニティ」で重要なのは、数が多いか少ないかということではありません。ここで、「タマゴ」に向き合う姿勢で大切なポイントを3つ挙げてみます。

第1に、相手との距離です。人間関係を作っていくとき、いま自分が「タマゴ」のどの辺の位置にいるかを意識しながら相手とつきあってみてください。「外人」の位置にいるのか、急接近で「熟人」の位置まで近づいたのか、意識的に自分がいるポジションを確認しながら相手と向き合ってみてください。

「タマゴ」の外側にいるのか、内側にいるのか、入ろうとしているのか、入れてもらえたのか、しっかり入っているのか、相手までの距離と自分が立っているポジションをしっかり意識しながら相手と向き合ってみることが大切なポイントです。

第2のポイントは、八方美人になって「タマゴ」をたくさん作り出す必要はありません。「タマゴ」は多ければ多いほうがいいというわけではないのです。誰とでも分け隔てなくにつきあっていきたいと思うのが日本人です。しかし、中国人は人を見極める鋭い観察力と選別能力を持っています。みなさんも知り合う中国人すべてと「タマゴの関係」を作り出す必要はありません。人間関係を深めていく相手を探し出す見極めの能力を養うことが重要です。

第3のポイントは、もし「この人と人間関係を深めていきたい」という人に巡り会ったら、積極果敢に「タマゴ」の殻を割って、中に飛び込んでいくことです。みなさんのほうから意識的に「タマゴ」の殻を乗り越えていこうとしないと、なかなか中には入れてくれないものです。積極果敢にタマゴの中に入り込むチャレンジをしてみてください。

一見フレンドリーな中国人でも、なかなかタマゴの中には入れてくれません。まだまだあなたのポジションはタマゴの「殻」の外側です。この「殻」を破ってタマゴの中まで入り込むことは、そう簡単なことではありません。ここには大きな「壁」と高い「ハードル」があり、深い信頼関係を作り上げるためには、意識的にこの「壁」を乗り越えていこうとする努力とじっくりと時間をかけたアプローチが必要です。

「一番大切なタマゴはどんなタマゴですか?」

こんな質問をされることもあります。しかし、私の答えはあまり参考にならないでしょう。「タマゴ」の形は、人それぞれ違うはずだからです。タマゴは真似て作るものではありません。タマゴは作り方も数も形も人それぞれです。

あなた自身でタマゴを見つけ出すアンテナを張り巡らし、あなた自身で見極めの触覚を磨いて、自分らしいタマゴを1つでも2つでもじっくり時間をかけて見つけていくことが大切です。

【ポイント】「タマゴの関係」に向かい合う

- 自分が今どのポジションにいるかを意識してみる。
- 八方美人になる必要はない。タマゴの数は多ければいいというわけではない。
- 「この人」という相手を見つけたら、積極果敢にタマゴに入っていく努力を!

自分のこと以上に仲間を助けようとするのが「自己人」の結びつき

中国人は「いい友人だからお金を貸さない」という日本人の考え方が理解できない

「みなさんは親友がいますか?」セミナーではこんな問いかけをします。

「ここで、みなさんの一番の親友を1人、実際に思い浮かべてください」と続けます。

セミナーで「タマゴ型コミュニティ」を取りあげると「親友」や「友人」について改めて考えてみるきっかけになるようです。セミナーの目的は「中国人を知ること」ですが、自分自身の家族や友人の大切さを再認識する機会でもあります。

「幼馴染み、学生時代の部活の仲間、趣味の仲間、仕事の仲間など、みなさんご自身の『親友』の顔を思い浮かべてください」と問いかけを続けます。すると……、

「自分は親友だと思っているけど、相手はどう思っているかな」という人がいます。

「彼とはきっとタマゴの関係にあたる」と改めて確認する人もいます。

こうして考える機会を設けてみると、「親友」についてみなさん改めて真剣に考え始めます。

セミナー会場はしばしば親友談義となり、予想外の盛り上がりとなることもあります。

「自分の『親友』を中国人の『自己人』のイメージに置き換えて考えてみてください」「ここで、みなさんの一番の親友を1人、実際に思い浮かべてください」と問いかけます。

「もし、この親友が『お金を貸して欲しい』と言ってきたら、みなさんはどうしますか?」

読者のみなさんもここでいっしょにこの質問を考えてみてください。

セミナーではまた議論が巻き起こります。「貸す」という人、「貸さない」という人、「時と場合による」という人、「金額による」という人、中には「相手による」「親友の度合いによる」という人もいます。「相手がどれだけ困っているか、その程度による」という人もいます。

一般論ですが、日本人はたとえ親友であっても、お金の貸し借りは神経質になるようです。中には「最初から断る」と即答する人がいます。「困っているならやむを得ず」と答える人もいます。「あげたつもりで」とか、「ドブに捨てたつもりで」というように、最初から返してもらうことを期待しないという人もいるかもしれません。

「金の切れ目が縁の切れ目」という言葉もあります。お金の貸し借りをお願いすると、「親友」だと思っていた人が思ったより冷たかったり、友人が期待していたほど頼りにならなかったりすることもあるではないでしょうか。

また、こんな気持ちもどこかにあるのではないでしょうか? 日本人の特徴です。

「俺たち、いい友人だろう？　だからお金の貸し借りはやめようよ」

「いい友達だから、なおさらお金の貸し借りはやめておこうな」

こんな感覚を持つ人も少なくないのではないでしょうか。「いい友人だからお金の貸し借りはしない」という論理です。お金のことが原因で2人の関係が壊れたり、2人の関係をこじらせたりしたくないから、お金の貸し借りはしないのです。

しかし、中国人は日本人のこういう感覚が理解できないようです。「どうしていい友人なのに助けてあげないんですか」と思います。「何とか力になろう」と考えるのが、中国人の「自己人」の仲間です。

たとえば、誰かが会社を設立しようとするとき、資本金を工面したり、ノウハウを提供したり、家族や親戚や「自己人」の仲間は「タマゴ型コミュニティ」の中で積極的に彼を支援する体制を作ります。留学でも独立でも、時には自分のこと以上に仲間の独立を支援するのが「自己人」の仲間です。

誰もすぐに見返りを求めず、長い目で見て、彼に「貸し」を作るのです。こうして「貸し」と「借り」をつないで人間関係を深めていくのが中国人の特徴です。「貸し」も財産、「借り」も財産と考えます。「債権」も「負債」も人間関係を深めていくための大切な財産と考えます。こうした人と人との貸借関係が絆を深めていく1つの手段と考えるわけです。

できない相談に「ノー」と言っても崩れないのが「自己人」の仲間

「ノー」と言っても壊れない「タマゴ」の関係を作ろう

セミナーでは、もう一度「みなさんの親友を思い浮かべてください」という問いかけをします。

読者のみなさんもイメージしてみてください。

「もし、親友に保証人になってほしいと頼まれたらどうしますか？」

「お金を貸して」ではなく、今度は「保証人になってほしい」という依頼です。

一般論ですが、日本人は「保証人になって」と言われると、ちょっと引いてしまう人が多いのではないでしょうか。やはりちょっと抵抗があるようです。セミナーでも「できれば避けたい」という気持ちを持つ人が多いようです。

「何の保証人か内容による」とか、「できることかできないことかを確認してから答える」と考える人もいるでしょう。

「お金が絡む話は断る」とか、「住宅ローンや借金の連帯保証人は絶対にダメ」と即答する人もいます。一般的に日本人にとって「保証人になること」はできたら避けたいことです。

もちろん、日本人でも「迷わずひと肌脱ぐ」という人もいるでしょう。「タマゴ型コミュニティ」の「自己人」の仲間も同じです。「わかった。私に任せて」と大切な仲間のためならひと肌脱ぐのが中国人ではないでしょうか。困っている仲間のためなら家族と同じように助け合うのが「自己人」の仲間なのです。

「タマゴ型コミュニティ」の仲間は運命共同体的な仲間です。絶対に人を裏切らない強い絆で結ばれた仲間です。こうした仲間の間では、「貸し」と「借り」を大切にして人間関係を深めていくのです。

もし私なら、「保証人になってほしい」という依頼はやはりちょっと考えてしまいます。「いい友達だから、保証人だけはやめておこうよ」と思う人もいるのではないでしょうか。日本人は「２人の関係を壊したくないから」とか、「もめごとを起こしたくないから」といった理由で、あえて保証人を避けるという人もいるかもしれません。「いい友人だから保証人になってあげる」のではなく、「いい友人だから保証人にはならない」のです。

こうした感覚も中国人にはまったく理解し難いところです。中国人は「いい友人ならどうして保証人になってあげないの？」と素直に思うでしょう。人と人との気持ちの「貸借関係」が日本と中国ではだいぶ違うようです。

ただし、もしあなたが「保証人になってほしい」と頼まれたら、断ってもかまいません。できないことをはっきり断ることはかまわないのです。「イエス」は「イエス」と言い、「ノー」は「ノー」と言うのが中国人です。できないことを「ノー」と言うのは悪いことではありません。

ある日、私も友人から「親戚が日本に留学したいので身元保証人になってほしい」と頼まれたことがありました。

「これはたいへんなことになったぞ」と考え込んでしまいました。

「引き受けようか、断ろうか、断るならどうやって断ろうか」と一晩悩みました。

「もし、断ったら相手に悪いのではないか」「断るなら、どうやって話を切り出そうか？」と散々悩んで眠れない夜を過ごしました。

翌日、心を決めて、やはり保証人を断ることにしました。

「ごめんなさい。保証人は引き受けられません。その理由は……」と説明しようとすると、

「そうですか。わかりました。それじゃ別の人に頼みます」と彼はあっさりその依頼を取り下げました。あまりにも簡単に依頼を取り下げるので、ちょっと拍子抜けでした。

「どうしてですか？　なぜダメですか？」と詰め寄られたりはしませんでした。

日本人は「保証人になって」とか、「お金を貸してほしい」と依頼されると、とても重たく

受け止めて真剣に悩んでしまいます。「断りにくい」とか、「断ったら2人の関係に溝ができるのではないか」と考えて悩んでしまいます。

しかし、できないことは「できない」とはっきり言えばいいのです。仮に断ったとしても相手は恨んだりしないはずです。できないことを安請け合いすることのほうが後々関係を悪くする引き金になります。できないことは「できない」と言う。できることで彼を精一杯支えればいいのです。

中国人はタマゴの殻の内側の人か、外側の人かを明確に意識し、内側の仲間は「自己人」として大切にします。自己犠牲も厭わず献身的に仲間を支え合うのが「自己人」の仲間です。中国人は家族や仲間を大切にし、人と人との結びつきをたいへん大切にします。

しかし、できないことは「ノー」と言う。「タマゴの関係」とはそういうものです。できないことを断ったとしても、あなたがタマゴから追い出されることはありません。「ノー」を「ノー」と言って壊れてしまうようでは、本当の「タマゴの関係」ではないのです。

どうでしょうか？　みなさんもこれで少しは気が楽になったのではないでしょうか？「ノー」は「ノー」とはっきり言える。みなさんもそんな「タマゴの関係」を作り上げてみてください。

■知っておくと役立つ「お酒の席」の豆知識②

〈「乾杯攻撃」の予防策〉

・「乾杯攻撃」が予想される食事会には「空腹」では行かない。
・食事会の前に、ヨーグルトを食べたり、牛乳を飲んでおく。
・お酒を飲み始める前に、できるだけたくさん「お湯」を飲む。

第2章

中国人の「網面子」を理解する

中国人は人間関係づくりの段階に応じて3つの「面子」を使い分ける

3つの「面子」の使い分けを察知して人間関係構築に役立てよう

ここからいよいよ本書の主題である「面子」の話に入っていきます。

序章でも説明しましたが、本書では「面子」をわかりやすく理解するために3つに分類しました。1つ目は「網《あみ》面子」、2つ目は「貸《か》し面子」、3つ目は「義《ぎ》の面子」で、いずれも私自身の経験から独自に分類し、命名したものです。

人間関係を広げるときに見せるのが「網面子」です。「外人」から「熟人」へ急接近をしていくときの「面子」です。人間関係を深めるときに使うのが「貸し面子」です。「タマゴの関係」を作っていくときの「面子」です。そして、「義の面子」は「タマゴの関係」を維持し、安定させ、より深めるときに使います。

中国人の「面子」を理解するのはなかなか難しいことです。何冊もの専門書を読んでもなかなか捉えどころがありません。専門的な解説書であればあるほど、複雑で難解な世界に迷い込んでしまいます。しかし、やはり「面子」を理解することは中国人理解の近道です。

図6　中国人の「3つの面子」

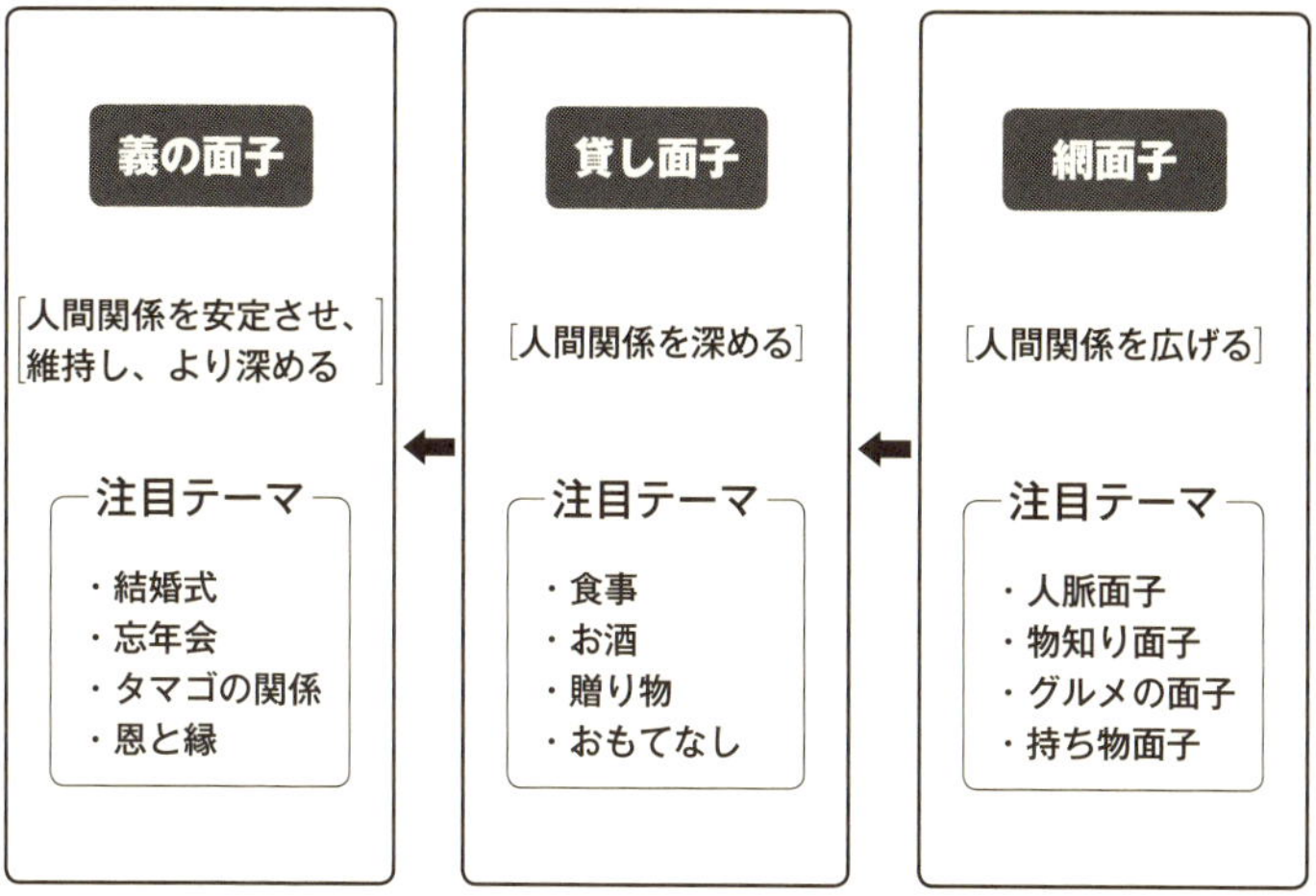
義の面子
［人間関係を安定させ、維持し、より深める］
注目テーマ
・結婚式
・忘年会
・タマゴの関係
・恩と縁
貸し面子
［人間関係を深める］
注目テーマ
・食事
・お酒
・贈り物
・おもてなし
網面子
［人間関係を広げる］
注目テーマ
・人脈面子
・物知り面子
・グルメの面子
・持ち物面子

そこで、本書では「中国人とうまくつきあっていくためにどうしたらいいか」という視点に立ち、中国人の「面子」をわかりやすく整理してみることにしました。できるだけ難しい分析は避け、身近に体感できるポイントをわかりやすく整理し、ビジネスの現場ですぐに役立ち、誰でも実践してみることができる内容への落とし込みを試みました。

それでは、3つの「面子」を1つひとつ見ていきましょう。

①「網面子」

「網面子」は人間関係を広げるときに使います。魚を獲る網を広げるように、出会いの機会を作り、出会った人の中から仲間になり得る人物を探し出すときに使うのが「網面子」です。中国人は天性の鋭い人間観察力を持っています。相手が敵なのか味方なのか、面白そうな人物かそうでないか、「外人」の中から瞬時に人を見分け、急接近で「熟人」の仲間に取り込みます。

しかし、ここで注意したいポイントがあります。「網面子」には良性と悪性の2つの種類があります。すなわち、①「見栄張《みえは》り型」の網面子と②「見得切《みえき》り型」の網面子です。

①「見栄張り型」とは、ウソや誇張、実体を伴わない見栄を張る網面子です。自分を実体以上に大きく見せたり、話を実際以上に大げさに表現したり、できないことを「できる」と言ったりすることです。格好だけで実体がないこと、口だけで行動が伴わないことです。これは別名を「嘘っぱち」の網面子とも言います。

一方、②「見得切り型」とは歌舞伎役者が舞台で「見得」を切るときのようにカッコいい面子です。大見得を切る場面は役者の最大の見せ所です。長い伝統や厳しい訓練に裏づけられた完成された型、厳格なルールや役者本人が抱えている人生そのものに裏づけられて人々を感動させます。これは別名を「ホンキ・ホンモノ」の網面子と呼ぶことにします。「美しく」「カッコよく」「見栄えがいい」という「見得」です。実体を伴わない嘘っぱちの「見栄」とは対照的なものです。

「見栄張り型」か「見得切り型」か、相手の面子がどちらの網面子なのかはみなさんのほうで見極めなければなりません。時には形だけで実体が伴わない「見栄張り型」の網面子を使う中国人が現れます。見栄や誇張、実体を伴わない口先だけの網面子は、しっかり見破って遠ざけなければなりません。

もしも、みなさんの前に「見栄張り型」が現れたら、それを見破り、遠ざけて、できる限りたくさんの「見得切り型」を見つけ出したいところです。この章では、「人脈面子」「物知り面子」「グルメの面子」「持ち物面子」という4つのポイントを例に挙げて、解説します。

②「貸し面子」

人間関係を深めるときに見せるのが「貸し面子」です。「タマゴの関係」を作るときの「面子」です。「貸し」と「借り」で人間関係をつなぎ、信頼関係を深めていきます。1つひとつの行動が「恥をかきたくない」「恥をかかせたくない」という気持ちに裏づけられているのがポイントです。

しかし、ここでも良性と悪性に注意が必要です。「貸し面子」には「貸し借り型」と「借り切り型」の2つのパターンがあります。「貸し借り型」とは「貸し」と「借り」を重ねて人間関係を深めていこうというホンモノタイプです。「借り切り型」とは「借り」を「借り」と感じずに、その場限りになるタイプです。つまり、遠ざけたいタイプです。

③「義の面子」

人間関係を維持し、安定させ、より深めるときに見せるのが「義の面子」です。強い信頼関係に裏づけられています。時には自分を犠牲にして仲間のために尽くします。絶対に人を裏切らない関係です。この段階はすでに「タマゴの関係」に入っているといってもいいでしょう（詳しくは「タマゴ型コミュニティ」53ページをご覧ください）。

中国人はそれぞれの段階で3つの「面子」を実にうまく使ってきます。トランプのカードを切るように絶妙に使い分けてくるのです。どの段階でどんな「面子」を見せてくるか、その「面子」はホンモノかニセモノか、これを意識して彼らに向かい合うことが大切です。

「面子」の使い分けを察知するアンテナを持っていれば、彼らの行動がある程度予測できます。彼らが見せてくる「面子」の背景や彼らの価値観を読み取り、人間関係の構築に役立てることができるのです。さらに、「面子」がわかると、ちょっとだけ先回りして、こちら側がイニシアティブをとってビジネスを進めることができます。

みなさん自身が本書で紹介するような「面子」の使い方をぜひ試してみてください。ぜひ、実践テクニックとして役立てていただきたいと思います。

「面子」には「腐ったダンゴ」や「毒ダンゴ」がある

見分ける目を養わないと大やけどをすることも

中国人の3つの面子を「面子のダンゴ三兄弟」と名づけました。中国人はそれぞれの段階でこれらの「面子」を絶妙に使い分け、ネットワークを広げていきます。人間関係を広げるときに見せるのが「網面子」です。そして、人間関係を深めるときに使うのが「貸し面子」、さらに人間関係を維持し、安定させ、より深めるときに大切なのが「義の面子」です。

「網面子」で人間関係を広げるとき、日々のいくつもの出会いの中にそれぞれ自分流の網を張り、気の合う仲間やおもしろそうな人物を探し、ネットワークを広げていきます。「自己人」の仲間探し、候補者リストへの登録です。

組織や会社にシェルター機能を期待しない中国人は、「自分の身は自分で守る」という考え方が基本です。家族や自己人の仲間を大切にする「タマゴ型コミュニティ」を拠りどころとします。「会社」というシェルターに期待せず、「タマゴ」が彼らのセーフティネットなのです。

この仲間の範囲を広げることはセーフティネットを強化することになります。ちょっと大げさに言うと、この「自己人」の仲間を広げることが彼らの人生の課題と言ってもいいでしょう。仲間を探し出すためには「網面子」が必要なのです。

初対面の人にも積極的に自分を売り込み、相手の素性もどんどん聞き出します。急接近で人間関係を作ろうとする理由です。このような背景を理解した上で彼らと接してみると、彼らの行動が「人脈のひけらかし」や「知識の知ったかぶり」というマイナスイメージだけで捉えてはいけないことがわかります。

むしろ、彼らが人脈を誇示したり、幅広いネットワークを持っていることを周囲に知らせたりすることは「あたりまえ」なのです。いい人物につながるネットワークを探し出し、結果的に「自分の身は自分で守る」ためのネットワークを作る必要不可欠な手段なのです。

さらに、彼らは相手の「網面子」がホンモノであるかどうかを見極めるアンテナと鋭い触覚を持っています。日々の出会いの中から面白そうな人物を探し出し、新しい仲間を作る能力に長けているのです。

中国人が持っている鋭い人間観察力と敵か味方かを瞬時に見分ける判断能力は、日本人にはなかなか真似できないものです。長い歴史の中で培われ、肌に染みついてきた皮膚感覚の人間観察力と人物評価力です。

革命があり、内戦があり、天災があり、飢饉があり、厳しい環境を生き抜いていくためには、

図７　「３つの面子」と「タマゴ型コミュニティ」の関係

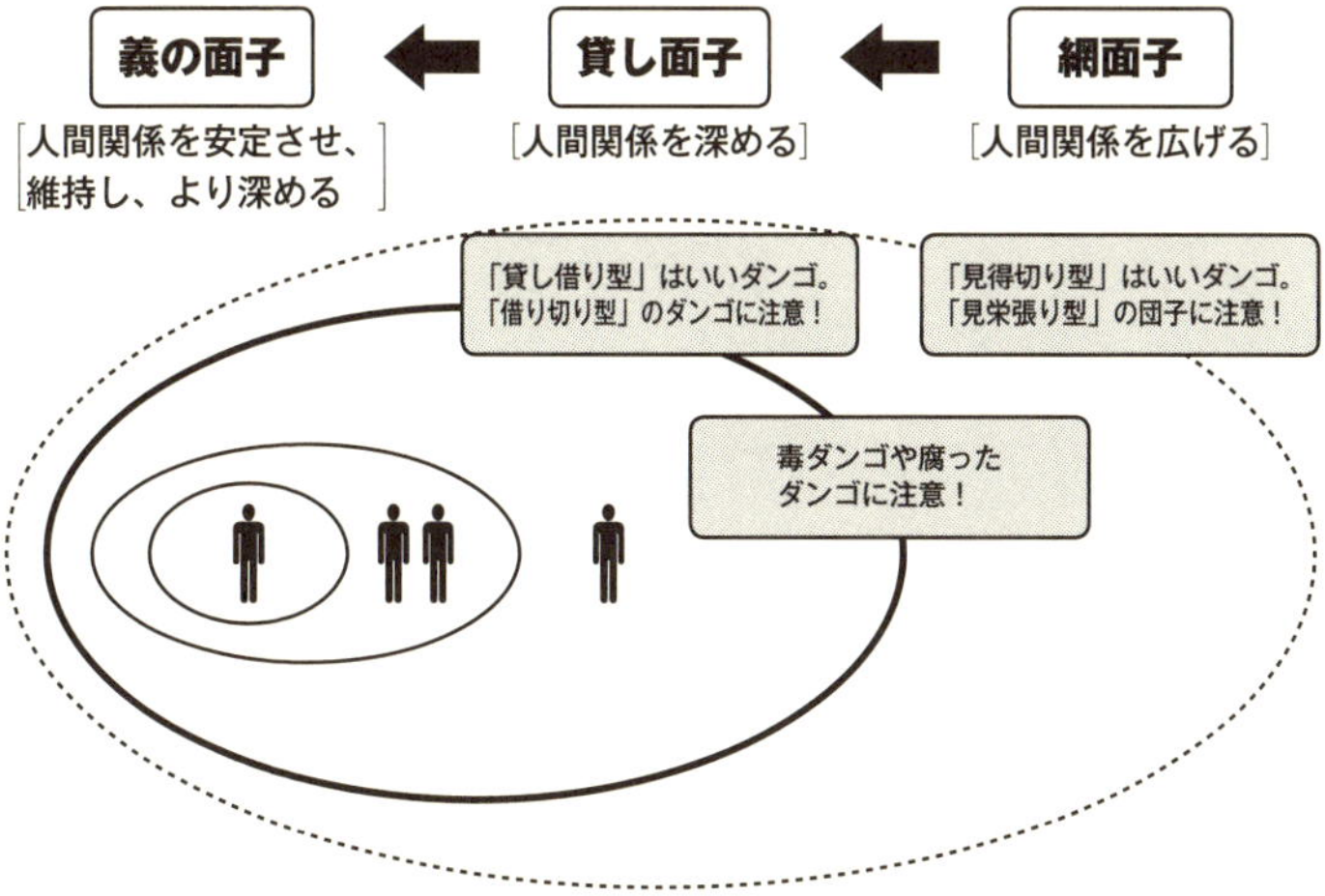
義の面子
貸し面子
網面子
［人間関係を安定させ、維持し、より深める］
［人間関係を深める］
［人間関係を広げる］
「貸し借り型」はいいダンゴ。「借り切り型」のダンゴに注意！
「見得切り型」はいいダンゴ。「見栄張り型」の団子に注意！
毒ダンゴや腐ったダンゴに注意！

「自分の身は自分で守る」という考え方が必要でした。皇帝や官僚などの為政者は下々の民衆の生活のすべてを守ってきたわけではありません。むしろ、為政者による搾取と圧政、さらに異民族による侵略が繰り返されてきた歴史です。「自分の身は自分で守る」は、こうした歴史の中で中国人が身につけてきた生き残りの処世術です。そのためには家族と同じくらい大切な「自己人」の仲間が必要でした。この「自己人」の仲間というネットワークを広げたり作ることに、「面子」もしっかり関わっているのです。

ダンゴの中には「腐ったダンゴ」が混じっています（図７）。「見栄張り型」は腐ったダンゴです。また、貸し面子では、「借り切り型」も腐ったダンゴです。これらをついつい食べてしまわないように注意が必要です。私たちは「腐ったダンゴ」や「毒ダンゴ」を見分ける目を持たなければなりません。

日本人は美味しいダンゴと腐ったダンゴを見極めるのが苦手です。ついつい不味いダンゴを食べてしまいます。それは「会社」というシェルターに守られた生き方をしているからではないでしょうか。自分の責任で自分自身で判断する必要性に迫られることがそれほど多くないのです。

中国ビジネスの現場では、「見栄張り型」と「借り切り型」はみなさん自身が見極めなければなりません。スピーディーな判断とフレキシブルな対応が求められます。時には絶対食べてはいけない「毒ダンゴ」が混じっていることがあります。中国人が持っている大きなアンテナと鋭い触覚から、学ぶべきところはしっかり学びたいものです。

【ポイント】見栄張り型と見得切り型

・「見栄張り型」実体のない誇張や嘘、形だけで見栄を張るタイプ。
・「見得切り型」ホンモノの網面子。伝統や格式、訓練や経験の裏づけによる歌舞伎役者の見得。
・疑ってもダメ、信じすぎてもダメ。「見栄張り型」と「見得切り型」を見極める眼が大切。

「人脈」「物知り」「グルメ」「持ち物」、4つの「網面子」を察知せよ

自分の「強み」を徹底的に主張して、自分を売り込むのが中国人

人間関係を広げるときに見せるのが「網面子」です。ここで代表的な「網面子」の事例を4つ紹介しましょう。それは「人脈面子」「物知り面子」「グルメの面子」「持ち物面子」です。この4つの「面子」に注意することが中国人とうまくつきあう第1のポイントです。「網面子」の「網」とは、アンテナを広げる「網」です。アンテナをできるだけ大きく広げて多くの機会を作り、知り合った人たちを「網」で囲い込むように取り込みます（図8）。

幅広い人脈を持っている人、博学で豊かな知識を持っている人、グルメ通の人、持ち物にこだわりがありハイセンスな人、これらはホンモノの「面子」を持っている人です。つまり、「見得切り型」です。

一方、人脈や知識をひけらかしたり、持ち物を見せびらかしたり、必要以上にブランドにこだわったりする中国人も少なくありません。これが「見栄張り型」です。ネットワークを広げるために自分を積極的にアピールし、実体以上の自分を見せたがるタイプです。

「腐ったダンゴ」や「毒ダンゴ」はこの辺にたくさんありそうです。少なくともこの4つの「面子」に注意しさえすれば、大きなやけどはしなくてすみそうです。危険をうまく察知してニセモノを見つけ出し、相手とうまくつきあっていくためのチェックポイントです。

たとえば、初対面の中国人の中に「私は誰々を知っています」とよく自慢げに話す人がいます。「誰々を知っている」「誰々とは老朋友《ラオポンヨウ》」と、ことさら人間関係の広さを強調するのです。中には「どうだ、すごいだろう」と言わんばかりに自慢げに話をする人もいます。みなさんも心当たりがないでしょうか？

これは、自分がどれだけ広いネットワークを持っているかを初対面の相手に披露し、印象づけ、自分自身を売り込むための「網面子」です。中国では「謙虚さ」や「奥ゆかしさ」ではなく、自分の「強み」を徹底的に主張することが評価される文化なのです。

ここで自分の「強み」を主張しないと、次につながる機会を失ってしまうことになります。「謙虚さが足りない」とか、「話が大きい」とか、中には「ちょっとうさん臭い」と言って自分との「壁」を作ってしまうことは「機会の喪失」になります。

しかし、正直言って、日本人ならちょっと引いてしまうところです。あまりにも主張が強いと、「ちょっと距離を置こうかな」と思ってしまうものです。「うさん臭い」と考える人もいるでしょう。日本では「謙虚さ」や「奥ゆかしさ」が尊ばれます。しかし、「謙虚さが足りな

図８　「網面子」

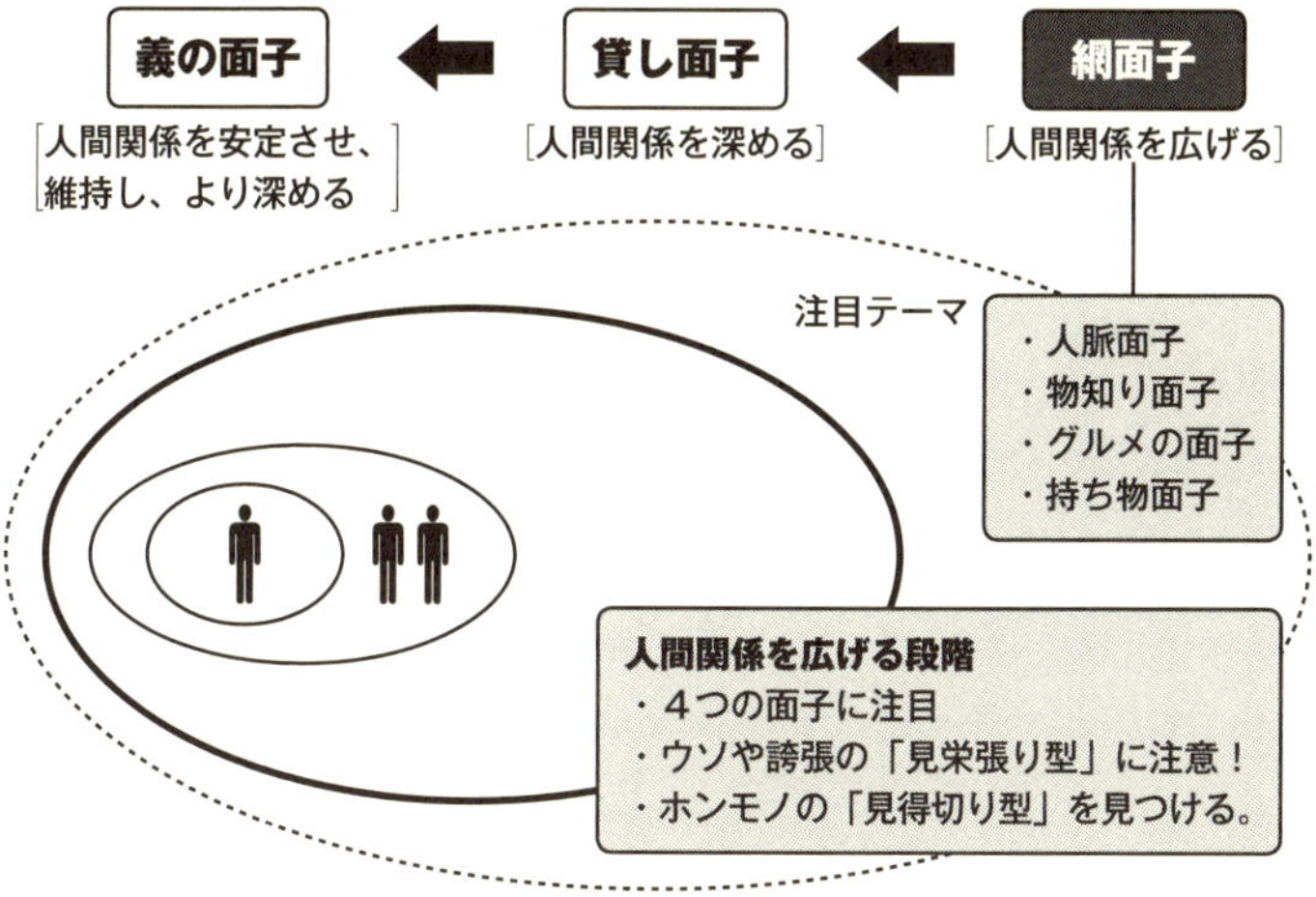
義の面子
貸し面子
網面子
［人間関係を安定させ、維持し、より深める］
［人間関係を深める］
［人間関係を広げる］
注目テーマ
・人脈面子
・物知り面子
・グルメの面子
・持ち物面子
人間関係を広げる段階
・４つの面子に注目
・ウソや誇張の「見栄張り型」に注意！
・ホンモノの「見得切り型」を見つける。

い」と言って、遠ざけてしまうことより、まずは大げさなくらいの主張を受け入れて、それがホンモノかニセモノかを見分ける眼を持つことのほうが大切なのです。

「私は○○を知っています」というのは、典型的な「網面子」の事例です。これを「人脈面子」と言います。自分がどれだけ広いネットワークを持っているかを初対面の相手に瞬間的に披露し、相手に印象づけ、自分自身を売り込むのです。「謙虚さ」や「奥ゆかしさ」が大切なのではなく、自分の「強み」を徹底的に主張しなければ、相手も自分の「よさ」に気がついてくれないと考えます。

一方、相手もそれを期待します。自分の「強み」を主張できない人間を中国人は評価しないのです。出会った人と瞬間的に真剣勝負でお互いの「強み」を探り合うのが中国流の生き残り術です。「謙虚さが足りないな」とか、「何かうさん臭いな」と、そこで引いてしまう日本人は彼と人間関係を深める機会を自ら閉ざしてしまっているわけです。

逆に、相手との人間関係をうまく構築していくために、この4つの「面子」の有効利用を考えましょう。「北京ダックの美味しい店はどこ？」とか、「日本に買って帰るお土産を推薦して」とか、ちょっとした問いかけをするだけで、中国人同士があなたのために「面子」をかけた大論争を繰り広げます。

これ以降は、「人脈面子」「物知り面子」「グルメの面子」「持ち物面子」について、1つずつ事例を交えて紹介していきます。

人脈面子
「私は〜さんを知っています」は信用していいか?

相手の「人脈面子」はプライベートな質問でチェック

日本の中小企業の経営者である佐藤氏（仮名）は、中国で技術アライアンスのパートナー企業を探していました。何人かに声をかけ、友人から中国で技術アライアンスのコンサルタントをやっている洪氏（仮名）を紹介されました。洪氏がこの件の相談に乗ってくれることになりました。

食事会の席で、アライアンス案件について洪氏に詳しく説明し、洪氏からは「私に任せてください。何とかしましょう」という力強いコメントが得られました。洪氏は日本語も堪能で、はきはきした口調で話し、行動力もありそうな人物です。佐藤氏は洪氏を「頼りになりそう」と感じました。

しかし、１つ気になることがありました。ひと通りアライアンス案件の説明が終わると、洪氏は自分の名刺入れから名刺の束を取り出して、その名刺を机の上に並べ始めました。「私はこれだけの人を知っています。私に任せてください」とまるで自慢話のようです。

「この人はアメリカ帰りの若手技術者、この人はベンチャー企業の経営者……」と続き、

「この人は先月まで同じプロジェクトに取り組んでいたアメリカの友人」と説明します。

「この人はソフトウエア協会の会長、この人は地方政府の高官、この人は大学の教授……」と洪氏の説明はエスカレート。彼に言わせると、名刺の人はみんな「老朋友」です。

最後は鮮やかな手さばきで、まるでトランプのカードを開くように名刺を持ち、ちょっと自慢げに「よりどりみどり、お好きなカードを1枚どうぞ」と言わんばかりの表情です。

「この人は本当にベンチャー企業の経営者や地方政府の高官を知っているかな？」と佐藤氏。逆に、何となく不安になってしまいました。

みなさん、似たような経験はありませんか？　実は、私自身、こんな経験は一度や二度ではありません。

ここで「3つの教訓」です。私自身の経験からみなさんへのアドバイスです。

第1に、彼の「人脈面子」をそのまま鵜呑みにして信じてはいけません。ちょっと怪しいと疑ってかかってみるくらいのほうがよさそうです。第2に、彼の「人脈面子」を疑ってはいけません。もしかしたら、その中にホンモノが含まれているかもしれないからです。第3に、ホンモノなのかそうでないのかをチェックして、みなさん自身で見極めることが必要です。実は、これは簡単な方法でチェックすることができます。

1つ目のアドバイスと2つ目のアドバイスは相反するものです。しかし、決して矛盾するものではありません。まずは最初に彼の話に素直に耳を傾けることが大切です。そして、頭から疑ってかかってはいけないということです。

多くの日本人は「怪しい」と思うと、警戒心を露わにして思考停止になります。「なにか、うさん臭い」と拒否反応を示して、その先の展開に完全にシャッターを下してしまうのです。

しかし、この「人脈面子」にも嘘っぱちの「見栄張り型」とホンキ・ホンモノの「見得切り型」の2つがあります。もしかしたら、ホンキ・ホンモノの「見得切り型」かもしれないのです。ポイントは相手を自分自身の目でしっかりチェックすることです。

実は、チェックの仕方はたいへん簡単です。その方法とは、話題の人物の極めてプライベートな質問をしてみればいいのです。たとえば、洪氏が「地方政府の副市長をよく知っている」と言うのなら、「洪さん、副市長のゴルフの腕前はどのくらいですか？」と質問してみます。洪氏が即答できるかどうかによって、この2人の親密度をある程度知ることができるのです。

他にも、「副市長の大好物はなんですか？　今度、お土産にお持ちしたいと思います」とか、「副市長はお酒の量は？　いけるほうですか？　どんなお酒を召し上がるのですか？」とか、「お持ちの車は?」「出身地は?」「奥様の趣味は?」「好きな映画は?」「ご自宅のカーテンの色は?」など、プライベートな質問をしてみると、2人の親密度がすぐにわかります。

決して2人の関係を最初から疑ってかかるわけではありません。一度会っただけの人でもすぐ「老朋友」という言い方をするのが中国人です。この「程度の感覚差」を修正する基準のすり合わせが必要なのです。そのためにプライベートな質問をぶつけてみることが一番です。

ただし、これは洪氏が「正直に答える」ということが前提です。もしも、洪氏が口から出任せを言うような人であればアウトです。もっとも、嘘はいずればれます。平気で嘘を言うような人なら、もうその時点で洪氏とのつきあい自体がアウトです。即刻、ご退場いただければよいわけです。「人脈面子」のチェックにはプライベートな質問をぶつけてみること。これが効果的な「実践テクニック」です。

【ポイント】「あの人をよく知っている」はホンモノ？

・信じてはいけない。最初から疑ってもいけない。自らチェックを。
・最初から疑って相手を遠ざけることは機会の喪失。
・「老朋友度」（親密度）はプライベートな質問でチェックする。
（例）最近会ったのは、今度会うのはいつ？　彼の専門分野は？　いっしょに行った仕事は？
彼の出身地は？　出身校は？　結婚は？　子供は？　自宅はどこ？　どんなお宅？　趣味は？
カラオケは好き？　得意な歌は？　ゴルフの腕前は？　好きな食べものは？　お酒は強い？

物知り面子
「私は〜の専門家です」をそのまま信用していいか？

相手の「物知り面子」は、経験のエピソードと仮説力をチェック

「網面子」の2つ目は「物知り面子」について説明します。

「人脈の広さ」ではなく、「知識の豊富さ」を自慢する中国人も少なくありません。これも人間関係を広げる有効手段として多用します。もちろん、これにも嘘っぱちの「見栄張り型」とホンキ・ホンモノの「見得切り型」があるので要注意です。

「この件はよく知っています。問題ありません。私に任せてください」と力強い返事。

こういう中国人が何人もみなさんの前に現れます。「問題ありません」と言って、相手を安心させます。しかし、本当に知識があるのか？　どのくらいの知識を持っているのか？　信じてはダメ、疑ってもダメ、チェックが必要です。

「私はできます」とか、「私は勉強したことがあります」とか、「資格を持っています」というのも同じです。知識だけなのか、実践できることなのか、過去にやった経験があるのか、信じてはダメ、疑ってもダメ、これも自らチェックすることが必要です。

「網面子」の中国人は、自分が豊富な知識を持っていること、高い技能を持っていること、つまり、自分の「強み」を徹底的に顕示します。時には自信たっぷりで偉そうな言い方だったり、自慢するかのような話し方だったり、日本人から見ると「謙虚さ」や「奥ゆかしさ」が足りないと感じることがあります。

しかし、これも嘘っぱちの「見栄張り型」とホンキ・ホンモノの「見得切り型」があります。実は知ったかぶりをしたり、できないことをできると言ったり、実体を伴わない虚栄だったりすることもあります。ここでも見極めが必要です。

しっかり自己主張をして、自己管理ができて、自己責任のもとで自己解決できる中国人が「見得切り型」の網面子です。こんな中国人を見つけ出してください。

以前、こんな同僚がいました。日本語が上手だった彼は、テスティング・ラボのプロジェクトマネジャーに抜擢されました。日本留学経験もあり、専門は電子工学でした。彼は専門知識と日本語の語学力を買われて、日本企業との窓口（責任者）として抜擢されたわけです。

何度も日本出張を繰り返し、テスティング・ラボの共同運営方針を確認しました。協業プロジェクトを設定し、相互にデータを交換し合いながら、協力して問題点を検証していこうという取り組みです。彼自身も当初はたいへん張り切っていました。

しかし、３カ月もすると何やら雲行きが怪しくなってきました。

「問題ない、私に任せて」というのが彼の口癖でした。日本側が彼に作業手順を説明すると、「わかっています。大丈夫」というのがいつもの彼の回答でした。念のため確認しようとすると、「知っています。大丈夫です」と彼の回答。「このプロジェクトは私の専門分野だから任せてください」と繰り返します。

要件定義で専門用語の意味を詳しく説明しようとすると、「わかっています。問題ありません」と彼の回答。彼の答えはいつも同じでした。

「この件は私が一番よく知っています。一番詳しいのは私です」と言い張ります。いつの間にか、彼は日本側から「知ってる君」というあだ名で呼ばれるようになりました。何か言うと、必ず「知っています」とか、「わかっています」というのが彼の口癖だったからです。

しかし、「知っています」「わかっています」はそう長くは続きませんでした。だんだん彼の上辺だけの知識が明らかになりました。「見栄張り型」の網面子で誤魔化せるほど仕事は甘くなかったのです。

ある日、彼に対して不信感を持ち始めた日本側が、プロジェクトの中間報告を要求しました。一番慌てたのは彼自身です。「何もできていない」「何も進んでいない」という状況を、思ったより早くみんなに暴露することになりました。彼はこのプロジェクトから外され、しばらくして自ら辞表を出して会社を去りました。クビになる前に逃げ出したと言ってもいいでしょう。

本来は、もっと早い段階で彼の専門性をチェックするべきでした。問題が起こる前に彼の仮説力や知識がどれだけの実践経験に裏づけられているか、チェックを怠った側にも問題があると思います。それが教訓です。

最後に余談ですが、彼は仕事を辞めるとき、こんなことも言っていました。

「私は最新技術と最新知識を持っているので、どこへ行っても仕事ができます」

彼は会社をクビになるときも「見栄張り型」の網面子を使う人間でした。たぶん、「どこへ行ってもすぐに仕事を干される」タイプです。

【ポイント】「知っている」「できる」の程度の感覚差に注意

・話し手と聞き手が同じ基準を持っているか。基準の違い、程度の感覚差に要注意。
・「知っている」という具体的な事例を聞き出す。「できる」という具体的な程度を確認。
・共通の基準を設けてコミュニケーションを図るべき。

グルメの面子
「面子」にかけて、美味しい店を紹介してくれる中国人

美味しいものを食べたいときは「グルメ面子」を有効活用しよう

「網面子」の事例その3は、「グルメの面子」です。これは「物知り面子」のグルメバージョンです。「知識の豊富さ」の延長線上に、食べ物、飲み物、お酒、食材、調理方法、食材の旬、行きつけの店、料理人などがあります。中国人にとって、食事は人間関係を広げるときの有効手段と考えます。

豊富な知識を自信たっぷりに、時にはオーバージェスチャーで偉そうに知識を披露するのが中国人です。「謙虚さ」や「奥ゆかしさ」などまったく感じられません。実は知ったかぶりだったり、食べたこともないことの話だったり、誰かに聞いた受売りの知識だったりすることもあります。

これが嘘っぱちの「見栄張り型」です。もちろんホンキ・ホンモノの「見得切り型」もあります。もし、ホンモノであれば、あなたは美味しい料理にありつけるはずです。残念ながら「見栄張り型」では期待はずれの食事が待っています。繰り返しですが、ホンモノかニセモノ

かの見極めは、みなさん自身の問題です。

さて、ここで実践テクニックです。「グルメの面子」でみなさんにぜひ試していただきたいことがあります。美味しいものを探すとき、中国人の「グルメの面子」を引き出す方法です。

「ちょっと聞きたいことがあるんだけど、酢豚の美味しい店はどこ？」とさり気なく聞いてみます。これはなるべくたくさんの人が集まっているところで切り出すのがポイントです。

「美味しい酢豚を食べたいんだけど、どこの店がいいかな？」とこちらからボールを投げかけてみると、そこにいる仲間達からさまざまな答えが返ってくるはずです。

「酢豚ですか？　私は○○○にある□□□という店が一番だと思います」と楊さん。

「いいえ。私は◇◇◇にある△△△のほうが美味しいと思いますよ」と王さん。

「いえ、いえ。□□□の▽▽▽のほうが絶対いいですよ」と議論に参戦する人が増えて、それぞれが競い合うように自分が一番と主張します。

これが典型的な「グルメの面子」です。誰もが自分の「面子」にかけて、自分が知っている一番美味しい店を紹介します。中国では「グルメ通」はたいへん尊敬されるのです。

しばらくすると大激論になり、さまざまな意見が飛び出してきます。どの店が美味しいかというだけでなく、調理方法や食材の新鮮さ、店の雰囲気からサービスの良さ、そして安さに至るまで、さまざまなテーマに話が及びます。

究極は、料理人やオーナーの話、そして自分がそのオーナーとどれだけ親しい関係にあるか、どれだけ顔が利くかというところまで話題が発展していくことがあります。まさにこれが中国人の「グルメの面子」です。

この「グルメの面子」をうまく利用しない手はありません。「グルメの面子」の「実践テク」は、「自慢話を競わせる」のがポイント。ちょっと食べたいものがあったら、たくさん人が集まっているところでさり気なく質問してみることです。実は、私もよくやる「面子」の積極的活用術です。「ちょっと聞きたいことがあるんだけど、酢豚の美味しい店はどこ？」とまずはさり気なく話題作りをします。話を切り出すことが第一歩です。そして、参戦者が増えて話が佳境に入ったころを見計らって、「みなさんにご馳走するから、酢豚の店に連れて行ってくれない？」と切り出します。

「グルメの面子」を活用して食事会を企画し、仲間を食事会に連れ出す。これは一石三鳥の企てです。美味しい店を知ることができる、仲間達と親しくなることができる、あなたの株も上がり人脈が一気に広がる。一石三鳥の企てなのです。もちろん食事会の費用は私が負担します。この場で「割り勘」は考えられません。しかし、この費用対効果は抜群です。

「友人を紹介したいんだけど、どこか落ち着いたレストランを探してもらえませんか？」

「陳さん一推しのお勧め料理店を紹介してもらえませんか？　ご馳走します。食事どう？」

「日本から両親が来るんだけど、小籠包の美味しい店、誰か紹介してくれない？」

人間関係を広げたいとき、「グルメの面子」が有効です。みなさんもやってみてください。

余談ですが、最後の両親が来る小籠包の店のときは、ちょっとたいへんでした。ついつい切り出してしまった話に仲間達が大激論を交わし始めました。

「あそこがいい」とか、「こっちがもっと美味しい」とか、議論が勝手に巻き起こり、ついには「面子」をかけての大バトルになり、グルメ談義はたいへんな盛り上がりとなりました。

最終的に論戦を勝ち抜いた友人が私の両親をお勧めの店に招待してくれました。激論を闘わせた仲間達もみんなでいっしょに両親を歓迎してくれました。そして、もちろん私の両親はまったくお金を使わせてもらえない結果になりました。

最高の小籠包をご馳走してくれた彼と仲間達の「グルメの面子」に感謝です。

【ポイント】面子をかけて競い合う「グルメの面子」

・誰よりもグルメ通、美味しいレストランを知っているという面子
・有名シェフを知っている、腕のいい料理人を知っているという面子
・食材、旬の料理、料理方法、食べ方（飲み方）など食へのこだわりの面子

持ち物面子
ブランド好きな中国人はただの「成金趣味」か？

「持ち物面子」は見せびらかしを遠ざけずホンモノを探し出せ

「網面子」の最後の事例は「持ち物面子」です。これも持ち物を自慢するという点では、「物知り面子」にも共通する部分があります。時計、鞄、文房具、デジカメなどが身近なところで、よくある品物です。マンション、クルマ、絵画、骨董品というような資産価値の高いもの、趣味の道具、こだわりの一品、ペットなどが対象になることもあります。

こうしたアイテムの話題を作ることで、人間関係を広げるときのきっかけを作ります。しかし、これも「見栄張り型」と「見得切り型」があるので要注意です。中には物の価値も十分知らずに、ブランド品というだけでただ所有している人もいます。もちろん、頑固なこだわりを持って所有し、何時間もかけてウンチクを語る人もいます。

ここでは、見せびらかしをすぐに遠ざけないことがポイントです。ニセモノに迷わされずに、ホンモノかどうかをじっくりチェックしてみることをお勧めします。ニセモノの中からホンモノを探し当てることが重要なポイントであり、中国人とうまくつきあうテクニックです。

中国人のブランド好きは有名です。本当にモノの価値をわかって所有しているのかどうか、疑わしいケースもあります。たとえば、腕時計はロ－レックス、鞄はルイ・ヴィトン、名刺入れはダンヒルといった、ブランド製品をさりげなく見せびらかす「持ち物面子」もあります。

中には「どうだ、すごいだろう」とあからさまに見せびらかす人もいます。持ち物で自己主張をすることも、周囲の関心を引きつける1つの方法なのです。あまりにも度が過ぎると、ちょっと引いてしまうこともあります。

たとえば、応接室に飾られている絵画や書、骨董品など、品物に纏わるエピソードを披露する人もいます。品物自体のウンチクもさることながら、誰からの贈り物だとか、どこへ行ったときの記念品だとか、人間関係の広さや造詣の深さを積極的にアピールするタイプです。しかし、中にはホンモノもあります。

政府高官といっしょに撮った写真を額に入れて応接室に飾ったり、贈り物をくれた人の色紙が添えてあったり、「持ち物面子」と「人脈面子」の複合技もあります。

クルマも代表的な「持ち物面子」です。クルマはステータスシンボルです。どんなクルマに乗っているかで自分をアピールしようとします。もちろん人気はベンツ、ビーエム、アウディでしょう。ドイツ車は中国人のステータスのシンボルです。

他にも、マンションや別荘も「持ち物面子」の典型例です。どんな家に住んでいるか、どこにマンションや別荘を所有しているか、範囲を広げると、事務所の場所や副業の数も「面子」の対象。こんな自慢話の中にもホンモノがあるかもしれません。

たとえば、お酒やお茶というのも「持ち物面子」の対象です。ワインのコレクションとか、好きな洋酒、お茶やコーヒーの銘柄へのこだわり、これらも「面子」の世界ではよく登場するアイテムです。これらは同時に「グルメの面子」でもあります。もちろん、この中にもホンモノとニセモノがあります。

レストランでXOを注文し、最高級ブランデーをコップになみなみと注いで、ガブ飲みをする中国人がいます。これはとても「見得切り型」のグルメの面子には見えません。本当にそのお酒の良さ、楽しみ方を知っているとは思えないからです。これは典型的な「見栄張り型」の網面子です。

お金にモノを言わせて、ブランド品を買いあさることやモノの価値を理解せず高価な品物やサービスを望むことは、「成金趣味」と言って、日本でも尊敬されない行為です。

しかし、中国では、人脈面子、物知り面子、グルメの面子、持ち物面子、この4つの「網面子」は人間関係を広げるときによく使います。ネットワークを広げることだけでなく、自分が尊敬に値する人物であること、自分が広いネットワークを持っていることを周囲にアピールするためのものでもあります。

見極めのポイントは、購入の経緯とモノへのこだわりをチェックしてみることです。もし、ホンキ・ホンモノを少しでも感じることができたら、私は次に会うときまでに、ちょっとだけ、その分野の理論武装を試みます。こちらも、にわか専門家になってみて、次に会うときに彼のホンキ・ホンモノ度をチェックするのです。もし、「見せびらかし」や「成金趣味」なら、彼のウンチクは薄っぺらなはずです。

「見せびらかし」や「成金趣味」なのか、尊敬に値するホンモノなのか、まずはこの4つのポイントに注目してください。そして、本当にモノの価値をわかっている「面子」なのかどうかをみなさんのほうでしっかり見極めてください。

【ポイント】「見栄張り型」か「見得切り型」かを見極める

・時計、鞄、文具、コレクション、クルマ、マンション、別荘が代表的なアイテム。
・ブランド志向を「成金趣味」と見ずに、所有の喜びがわかる人かどうか、人物観察の眼を養う。
・「見せびらかし」の中で、ニセモノを見分け、ホンモノを見極める観察力を養う。

毎日が「瞬間プチ面接」、中国人の人間観察力と人物評価術

中国人は「自己人」の仲間になり得る人物かどうかを即座に判断する

中国人は、知り合った人とすぐに仲良くなり、世間話をしたり、自己紹介をし合ったり、どんな仕事をしているか聞いたり、いきなりフレンドリーに会話を始めます。急接近で相手に近づき、その人の人物評価を試みる。これこそ中国人が持っている独特な人物評価のテクニックです。私はこれを「瞬間プチ面接」と名づけました。

中国人は初めて会った人に気さくに声をかけます。すぐに仲良くなり、急接近で近づいていきます。「どんな仕事をしているの?」「結婚しているの?」「好きな食べ物は?」「お給料はどれくらい?」と、時にはプライベートな事柄でも遠慮なく質問します。

こうした言葉を交わしながら、中国人はしっかりと人間観察をしているのです。まずは第一印象。そして、ひとことふたこと言葉を交わしてみるときに受ける印象をインプットします。面白そうな人物か、つまらなそうな人物か。もう一度会ってみたいと思うか、通りすがりの人物か、何か接点を持てそうな人か、そうではないか。役に立ちそうな人か、自分の人脈に加え

たいと思うか。極論を言うと、敵か味方かです。

中国人は自分の前に現れた相手とどんなつきあい方をしたらいいか、即座に判断する能力に長けていると言ってもいいでしょう。「タマゴ」の内側か外側か、「自己人」の仲間になり得る人物か、そうでない相手かを即座に判断するのです。彼らは毎日の暮らしの中で、「瞬間プチ面接」を実践しているのです。

中国人は、「会社」という組織にシェルター機能を期待しません。「自分の身は自分で守る」という考え方があくまでも基本であり、シェルターとしての役割を求めるのは「タマゴ型コミュニティ」と「花びら型シェルター」です。

一方、日本人はどうでしょうか。一般的には「会社」というシェルターが基本です。初対面の相手との「瞬間プチ面接」はどうやら苦手なようです。アンテナの感度が悪いのです。「会社対会社」でつきあっていけば、その相手はどんな人物か、どのような関係を作っていくべきか、面白そうな人かどうか、会ってすぐに瞬間的な判断を迫られることはまずありません。

日本人の場合は、むしろ「会社」という傘に守られながら一歩ずつ人間関係の距離感を縮めていきます。言い換えれば、「会社対会社」という関係を基本にして、中国人のように「個人対個人」で急接近せずに、適正な距離感を保ちながら関係を深めていくのです。個人としての瞬間的な人間観察や人物評価は期待されないわけです。

日本人は「会社」というシェルターに守られているために、会う人ごとに瞬間的に人物評価することは必要とされていないのです。ちょっと乱暴な言い方ですが、アンテナの感度が鈍いのかもしれません。「人の見極め」というアンテナ自体の存在を意識していない人も多いのではないでしょうか。

中国人は鋭い人間観察力と個人と個人のつながりを重視した関係構築のノウハウを生まれながらにして身につけている民族です。彼らは「会社」というシェルターに頼らないで「人の見極め」を実践していくために、超高感度アンテナを1人ひとりが持っていなければならなかったのかもしれません。

大きなアンテナを張り、仲間を広げ、鋭い触覚で人を瞬時に見極める。彼ら自身はあまり自覚していない（？）ようですが、中国人は長い歴史の中で培われてきた生き残りのための処世術と経験に裏づけられた独特な人物評価術を持っています。さらに、毎日を本気モードで生きている真剣さ。この「真剣さ」こそが、瞬間的に相手を判断する人物評価術を支えていると言えるでしょう。

日本語にも1つの出会いを大切にする「一期一会」という言葉があります。「二度とはない大切な出会いに感謝の気持ちを忘れず、日々の出会いを大切にしましょう」という意味です。謙虚な気持ちで出会いに向き合い、感謝の気持ちを忘れずに日々の生活を送ることの大切さを教えています。
中国人は日々の暮らしの中で、この「一期一会」をすぐに「瞬間プチ面接」に変えてしまいます。出会いに感謝するだけではなく、即座に出会った相手の人物評価を試みます。中国人の人物評価術には伝統に裏づけられた処世術やいくつもの修羅場を潜り抜けてきた民族としての長い経験を感じます。

【ポイント】中国人の毎日が「瞬間プチ面接」とは

・中国人は出会ったその人をさまざまな角度から見る鋭い人間観察力に長けている。
・中国人は言葉をかけて会話のきっかけをつかむコミュニケーション力に長けている。
・中国人は言葉を交わしてわずかな時間で人を見極める人物評価力に長けている。

何気ない会話から相手を見極める中国人のテクニック

ドキュメント、これが「瞬間プチ面接」

上海の路地裏の食堂で並んでいたときのことです。ここは観光ガイドブックに載っているような店ではありませんが、小籠包が有名な店で地元の人たちを中心に昼時になると必ず小籠包を買い求める人で大混雑する店です。店頭で持ち帰り客用に小籠包を売っていて、私もよく店の中に入らずに外に並んで買って帰ります。

ちょっと前までは、この小籠包を売る店のおばさんを取り囲むように人垣ができ、お札を掴んだ手を伸ばして、奪い合うように小籠包を買い求めていく光景が見られました。おばさんに先にお金を渡した人が優先という早いもの勝ちの買い物競走が繰り広げられていました。「10個、10個……」「我要20個、20個……」とみんな大声を出して自己主張します。「等一会儿、等一会儿……」（ちょっと待って）とおばさんのほうもまったく無秩序にお客をさばいていきます。しかし、これは数年前の状況。いまでは行儀よく列ができて、みんな並ぶようになりました。上海万博の「文明観博靠大家」のスローガンのおかげ（?）で、上海市民はだいぶお行儀よくなったようです。

「上海もだいぶ変わったな」と思いながら、その日も小籠包の列に並んでいました。

「まだかな？」とおとなしく列に並んでいると、後ろのおじさんが中国語で声をかけてきました。

「いい時計しているね」とおじさんの声。もちろんまったく知らないおじさんです。

「謝謝《シエシエ》」（ありがとう）と振り返って、軽く会釈すると、「日本製かい？」と間を置かずおじさんがニコニコ話しかけてきます。

「はい」と一応こちらもニコニコしながら中国語で答えます。

「どこで買ったの？」とおじさん。

「日本で買った時計です。私は日本人です」と続けると、「素敵だね。高かっただろう？」「どんな機能があるの？」「性能はいいの？」とおじさんは次から次へと質問を浴びせてきます。

こちらも調子に乗って、機能を説明したり、値段を言ったり、腕から外しておじさんに持たせてあげたり、しばらくは時計談義で行列の待ち時間の気を紛らわせました。

「新聞の連載が決まったときに、自分で自分に買ったご褒美なんですよ」と説明すると、

「そうかい。どんな仕事しているの？　中国へよく来るの？　会社の経営者かい？」と今度はおじさんの身辺調査が始まりました。

やっと小籠包を受け取って、別れ際におじさんから名刺を手渡されました。

「今度、家へ遊びにいらっしゃい」とおじさんはニコニコ笑顔で去って行きました。

もらった名刺を見ると、貿易会社を経営している社長さんのようです。会社名と住所の町名から想像すると、それほど大きな会社ではなさそうです。

人がよさそうなおじさんだったので、一度連絡を取ってみようかなと思いますが、ここでふと気がつきました。

「そうか。これが『瞬間プチ面接』なんだ」

行列に並んでいる15分ぐらいのやりとりはとても自然で楽しい会話でした。

しかし、私はこの時間を利用して面接を受けていたわけです。私の時計が「見得切り型」か「見栄張り型」か、おじさんは瞬時に見極めたはずです。

「これがネットワークを広げるアンテナと人を見極める触覚かな」と改めて思い知らされたのでした。名刺をくれたおじさんは私からの連絡を待っているかもしれません。今度は私のほうが連絡をすべきかどうかという次の判断を試されているわけです。

■知っておくと役立つ「お酒の席」の豆知識③

〈「乾杯攻撃」の防御策〉

・帰る時間を予め宣言しておく（時計を見ながら飲む量を自主的にコントロール）。
・お酒を持ち込んで、注ぎ役に回る（お勧めの酒を持ち込み、みんなに振る舞う）。
・飲み役を連れていく（お酒が強い同僚や部下を飲み役にする）。
・犠牲者を作る。親しい友人や同僚に「乾杯攻撃」の矛先を向ける（後で関係修復が必要）。

※しかし、お酒の席では相手にとことんつきあうのが、基本的なマナー（相手の「面子」を立てることになる）。

また、かくし芸（ダンス、マジックなど）や他人に真似ができない個性的なパフォーマンス（詩吟、応援団、早飲み早食いなど）を披露することも有効な手段。

第3章

中国人の「貸し面子」を理解する

「貸し面子」は、人間関係を深める段階で使う

中国人は、「貸し」「借り」で人間関係を深めていく

本章では「面子」の3種類（「網面子」「貸し面子」「義の面子」）のうち、2つ目の「貸し面子」について説明します。中国人は人間関係を築く各段階で「面子」をうまく使ってネットワーク作りを行います。

前章で説明した「網面子」は、人間関係を広げる段階で使われます。「網面子」は魚獲りの「網」に例えられます。自分の存在をアピールする1つの手段と考えてもよいでしょう。そして、「網」にかかった人々を篩いにかけて面白そうな人物を見つけ出し、関係を深めていくときに用いるのが「貸し面子」です（図9）。

ここで、第1章で説明した「タマゴ型コミュニティ」をもう一度思い浮かべてください。「外人」から「熟人」まで、タマゴの殻の外側までは比較的容易に近づいて行くことができます。しかし、タマゴの殻の中に入っていくためには、意識的にタマゴの殻を割って入っていく努力が必要です。

図９　「貸し面子」

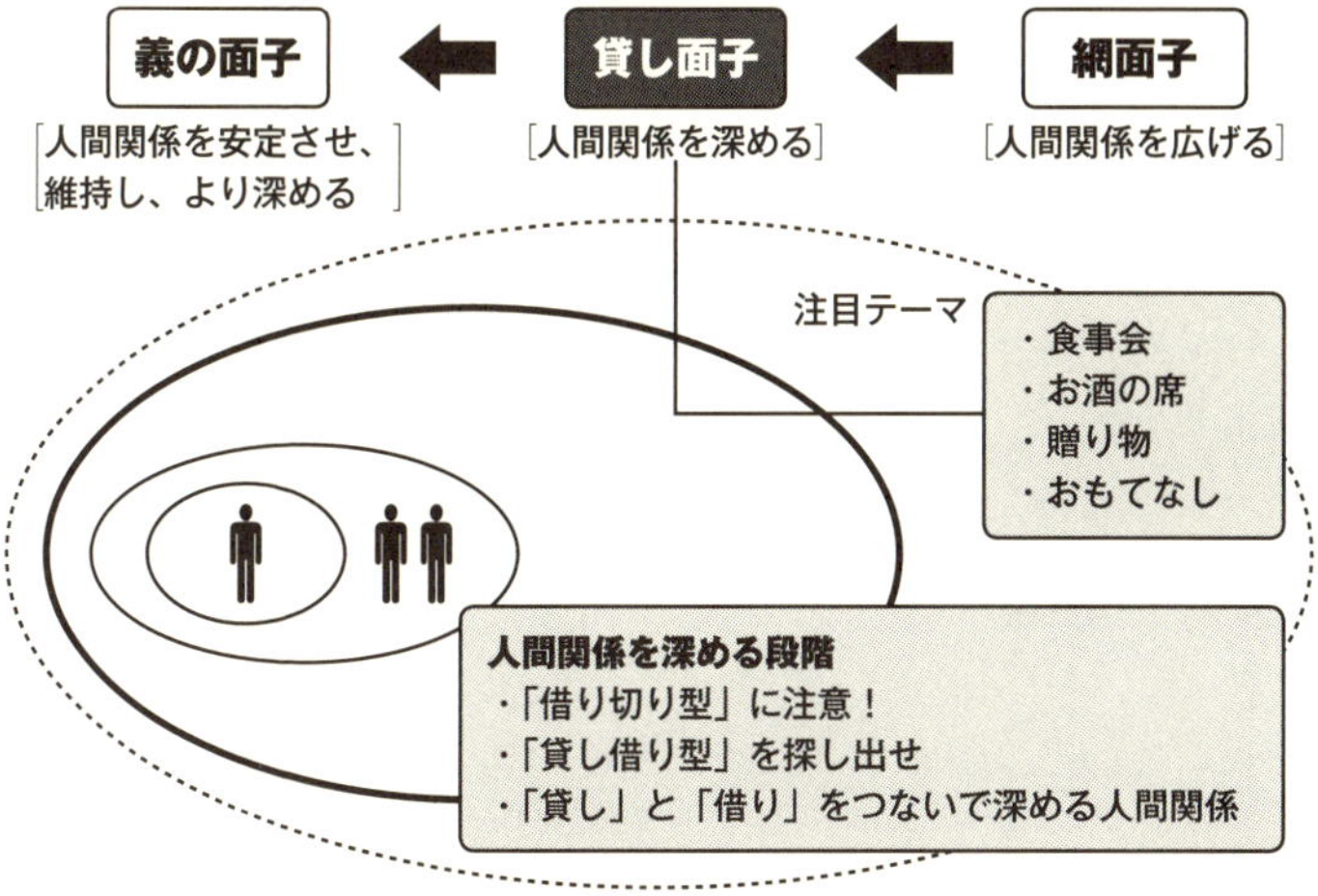
義の面子
貸し面子
網面子
［人間関係を安定させ、維持し、より深める］
［人間関係を深める］
［人間関係を広げる］
注目テーマ
・食事会
・お酒の席
・贈り物
・おもてなし
人間関係を深める段階
・「借り切り型」に注意！
・「貸し借り型」を探し出せ
・「貸し」と「借り」をつないで深める人間関係

タマゴの中に入っていくための方法の1つが、「貸し」と「借り」をつないで人間関係を深めていくことです。「貸し面子」はタマゴの中に入っていくときに有効な方法です。最初は小さな貸し借りでいいでしょう。まずは小さな貸しや借りを作り、この貸しと借りをつないで少しずつ人間関係を深めていくのが中国流です。

しかし、この「貸し面子」にも「網面子」と同じように、ホンモノとニセモノがあります。それが「貸し借り型」と「借り切り型」です。「借り切り型」の貸し面子は自己中心的に動くタイプです。一方的に「借り」ばかりたくさん作る人です。仕事を依頼しても自己中心で、ちょっと油断してチェックを怠ると、手を抜いたり、途中から仕事を投げ出したり、中途半端な結果になるケースもあります。

一方、親身になってホンキで動いてくれるのが「貸し借り型」の貸し面子です。「貸し」と「借り」をバランスよく使い分けることができる人です。「借り」を作って「借り」を返し、「貸し」を作っても対価を求めず、本当に困ったときに作った「借り」は何倍にもして大きく返すタイプです。こういう人をぜひ見つけ出したいものです。

ビジネスの上でも、ホンモノの「貸し借り型」と要注意の「借り切り型」をしっかり見極める眼が必要です。これはあなた自身で自分の眼を養わなければなりません。ホンモノの貸し借りは大きな「恩」につながります。「恩」を大切にする人は、人情の貸借関係を大切にする人です。こういう人の「貸し面子」を大切にしたいところです。

しかし、ここではあなたのほうから「貸し」を恩に着せないことも大切です。「貸し」と「借り」を天秤にかけて、「貸し」をせっかちに返してもらうことを期待したり、「これ」と「これ」、「あれ」と「あれ」というように天秤上で貸し借りを相殺しようとしたり、「貸し」と「借り」の釣り合いの悪さを気にしたりすることは禁物です。

返ってこない「貸し」を必要以上に気にしたり、催促したりすることも厳禁です。人情の貸借関係は多少つじつまが合っていなくてもいいのです。損得の問題ではありません。そして、この人情の貸借関係をビジネスのつきあいにも持ち込むことがポイントです。

もし、あなたに「恥をかかせない」ように親身になって動いてくれる人物であれば、それは

中国人は「貸し」と「借り」を積み重ねて人間関係を構築していく。

ホンモノの「貸し面子」です。あなたをサポートできなかったことを自分の「恥」と考えます。このように相手に「恥をかかせたくない」、自分も「恥をかきたくない」という気持ちで動いてくれているかどうかで、相手のホンキ度がわかります。

頼まれごとを引き受けたら、自分の「面子」にかけてやり遂げる。あなたに「恥をかかせない」ようにベストを尽くす。「貸し面子」では「恥」というキーワードを意識するとわかりやすいかもしれません。

「借り」は、ある意味ではあなたにとって大きな財産になります。人情の貸借関係の世界では「貸し」も財産ですが、「借り」も財産と考えます。「債権」だけでなく「負債」も財産なのです。たとえば、もしあなたのほうに「借り」があっても、この「借り」をせっかちに返そうしなくてもよいのです。相手が本当に困っているときにこの「借り」を大きく返すつもりで、貯金しておきます。そのときにしっかり助けてあげればよいのです。小さいな「恩」はすぐ返す。大きな「恩」は大きく返す。これが人情の貸借関係の基本です。

この章では、こうした「貸し」と「借り」の関係について、食事、お酒、贈り物など、身近な事柄から具体的な事例を交えて1つひとつ紹介していきたいと思います。

【ポイント】「貸し面子」とは

・「貸し」と「借り」をつないで人間関係を深めていく。
・「貸し」も財産、「借り」も財産と考える（「債権」だけでなく「負債」も財産と考える）。
・「借り」をせっかちに返そうとしない（大きな「借り」は「恩」として時間をかけて大きく返す）。
・人情の「貸借関係」を大切にする。

食事の貸し借り　その１「割り勘」をしない食事会は「貸し」「借り」の基本

「今日の料理安かったでしょう？」は褒め言葉？

「貸し」「借り」について、まず食事から説明していきます。

食事会の代金を「割り勘」にしないというのが中国では一般的です。世代によって、地域によって、習慣の違いもあります。しかし、一般的に中国に「割り勘」はないと考えておいたほうがよいでしょう。

したがって、中国では、食事会を企画した人、または食事に誘った人が食事代の全額を負担します。ご馳走する人は「貸し」を作り、ご馳走になる人は「借り」ができます。この「借り」を返すために、別の人が次の食事会を企画して、また「貸し」と「借り」を作ります。こうして「貸し」と「借り」をつないで食事会をつなぎ、仲間が集まる機会を作り、それを繰り返して人間関係を深めていくのが中国流です。

これは食事会だけではなく、中国では人間関係のあらゆる場面で「貸し」と「借り」を大切にしていきます。仕事の貸し借り、お金の貸し借り、気持ちの貸し借りなど。「貸し」も財産、

「借り」も財産と考えるのが中国人です。「債権」だけでなく「負債」も財産なのです。

日本人は「借り」ができると、せっかちにその「借り」を返したがります。「借り」を作ったままではなんとなく嫌なのです。「借り」はできるだけ早く返すほうがよく、「借り」を返すと「さっぱりした」と思います。ケジメをつけることが大好きなのが日本人です。

しかし、中国人は「借り」ができても、それをせっかちに早く返そうとは思いません。小さな「借り」はあまり気にしない。大きな「借り」はじっくり返す。これが中国流です。「貸し」と「借り」はその人の人間としての器量を測り、人間関係の広がりをもたらす「財産」と言えるかもしれません。

「割り勘」とは、食事代を平等に負担することです。つまり、「貸し」と「借り」をなくすことです。拡大解釈すると人間関係もこれで「清算」という意味に通じます。若い世代の間では「AA制」と言って、合理的に「割り勘」で食事会をする人たちも増えているようですが、基本的に「貸し」と「借り」を大切にする伝統的な考え方は根強いものがあります。

こんな質問がありました。「割り勘にしない何回目かの食事会に、もし参加できなかったら損をしちゃうんじゃない？」とか、「自分はお寿司をご馳走したのに、次の食事会がラーメン屋だったら？」とか、「ご馳走してあげたのに、ご馳走してくれなかったら？」とか。

気持ちはわからないでもないですが、「貸し面子」の世界では、基本的にそんなことを考えてはいけないのです。「貸し」と「借り」は損得と考えてはいけないわけです。相手に恥をかかせたくない、自分も恥をかきたくないというのが「貸し面子」の基本です。人間関係を深めていくときにはあまり損得勘定を気にしてはいけません。

また、こんなケースもあります。

「こんなにご馳走になってすみません。高かったでしょう。たくさんお金を使わせちゃって申し訳ない」。食事の後、日本人はこんな言い方をします。「たくさんお金を使わせてしまうこと」は申し訳ないことなのです。みなさんもよく使う言葉だと思います。

しかし、ある友人がこんなことを教えてくれました。中国ではちょっと様子が違うようです。「『ご馳走様でした』の後は、『高かったでしょう』ではなく、別の言い方がベターですね」とのアドバイスです。

「それじゃ、中国人にはどう言ったほうがいいんですか？」と尋ねると、「それは『安かったでしょう』と言うのがいいですよ」と彼の意外な答えです。

「えっ？『安かったでしょう』って、何となく相手をバカにしているように思うけど……」

そこが中国と日本とでは違うようです。彼の説明では、「こんなに美味しいものがこんなに安く食べられるなんて、あなたのアレンジはさすがですね」

これが中国流の褒め言葉です。つまり、お店選びが上手、注文上手、アレンジ上手を褒めるわけです。「きっとこの店のオーナーとあなたはいい関係のはず」という人間関係の広さも褒め言葉の1つです。

「こんなに安く、こんなに美味しいものを食べられるなんて、あなたはオーナーとどんな関係？」これがワンランク上の褒め言葉なのです。

「うーん？　難しいな」とついつい頭を抱えてしまう上級テクニックです。ちょっと褒め方を間違えると火傷をしてしまいそうな奥の深さです。

「今日の料理、安かったでしょう」

ちょっと勇気が要る褒め言葉ですね。みなさんも使い方を誤らないように気をつけながら実践してみてください。

【ポイント】基本的に「割り勘」をしない中国人

・「貸し」と「借り」を作り、次の食事会の機会を作る。

・「割り勘」はホストからの「貸し」を拒絶すること（ホスト役の面子を潰す行為）

・「割り勘」にすることは次の集まる機会をなくすこと（人間関係の「清算」を意味する）

※地域により、世代により習慣や考え方が異なることがあります。ご注意ください。

食事の貸し借り　その２
「恥をかきたくない、かかせたくない」が「面子」の本質

ドキュメント　「面子」をかけた食事の「貸し借り」

食事の「貸し借り」を面子にかけてこだわる中国人の話です。

ある産業シンポジウムでの出来事です。中国との産業連携に取り組んでいた日立市（茨城県）は、中国のカウンターパートナーである蘇州市から講師を招いてシンポジウムを開催しました。

シンポジウムが無事に終わり、日立市の担当者もそれを支援していた私もホッと胸を撫で下ろしました。実は、小山氏（日立市の担当者）にとって、ここに至る道のりは決して平坦な道のりではなかったからです。企画の打診から、講演者の人選、招聘状の準備、ビザの発給など、中国側とさまざまな連絡の行き違いがあり、トラブルの連続でした。

最大のトラブルは、予定していた講演者が急遽来られなくなったことです。小山氏も私も対策に飛び回りました。原因を探るため、情報収集と再度の説得、最悪のシナリオを考えた対応策と、シンポジウム直前までぎりぎりの折衝や根回しで胃に穴があくような日々が続きました。

結果的にすべての問題を解決したのは小山氏が最も信頼を寄せる蘇州市人民政府招商局の王氏との人的な結びつきでした。小山氏は王氏に「ことは緊急を要する」と説明し、そのすべての事情を理解した王氏はすぐさま日本大使館に駆け込んでビザの手続きをして、ピンチヒッターとしてこのシンポジウムの講師役を引き受けてくれることになりました。

シンポジウム前日、小山氏は成田空港まで王氏を迎えに行き、クルマの中で改めてイベントの主旨と翌日の段取りについて打ち合わせしました。市長が主催する食事会、シンポジウムのメインキャスターとの打ち合わせ、会場でのリハーサルなど、分刻みのスケジュールを綱渡りでこなしてシンポジウム本番に臨みました。王氏は旅の疲れを表情に出さず、黙々とスケジュールをこなしました。「大切な友人に恥をかかせるわけにはいかない」という思いがあったのでしょう。王氏は前日から本気モードです。

シンポジウム当日、王氏は流暢な日本語とユーモアセンスたっぷりのジョークで会場を和ませ、彼のスピーチは会場から大きな喝采を浴びました。彼は無事に大役を果たし、スピーチが終わりました。小山氏も私もホッとした瞬間です。胸を撫で下ろしたというより、その場にへたへたと座り込んでしまいたくなる安堵感でした。王氏もニコニコした表情でステージ袖に引き上げてきて、「辛苦了《シンクーラ》。辛苦了《シンクーラ》」（おつかれさま）と言って、まるで当然の役目を果たしたかのような表情で小山氏の頑張りをねぎらいました。

さて、イベント後の交流会、そして、シンポジウム関係者の懇親会が終わり、小山氏は王氏を誘い出して二次会に繰り出しました。小山氏が何度も感謝の気持ちを伝えると、「没事《メイシー》。没《メイ》事《シー》」（たいしたことじゃない）と王氏の返答。二次会、三次会と打ち上げが続き、楽しい時間を過ごしました。

三次会で王氏がトイレに立ち、小山氏がお店のお勘定を済ませた後のことです。トイレから戻ってきた王氏が財布を取り出してレジに向かいました。

「王さん、もうお勘定済ませたから大丈夫ですよ」と小山氏が財布を戻すように促しました。

「いいえ。一次会も二次会も、もう十分ご馳走になったから、ここは私が持ちます」と王氏。

「大丈夫、心配しないで。もう支払いは済ませましたから」と小山氏。

「だめだめ。それでは私の気が済みません」と王氏。しばらく押し問答が続きました。

「本当に大丈夫です。気にしないで」と言って、小山氏はみんなを誘導してお店の外に出ます。

これでは気が済まないのは王氏です。お店を出るとすぐに次のターゲットを探し始めました。まわりを見渡すと、ひときわ明るい看板が目につきました。焼肉屋です。

「ここにしましょう。四次会は私たちがみなさんの頑張りに感謝する会です」と王氏は半ば強引に私たちを誘導して、この焼肉屋のほうへ歩き始めました。王氏は言い出したら聞かないタイプ。律儀さとちょっと頑固なところは小山氏に似ています。ここで誘いを断って帰ったら、きっと王氏の「面子」を潰すことになるでしょう。結局、みんなでこの焼肉屋に入り、深夜の焼肉パーティーとなりました。

「すみません。特上の常陸牛《ひたちぎゅう》を4人前お願いします」と王氏。席に着くまもなく、店員さんに注文しました。

「特上の?」「常陸牛?」「4人前?」と私たちは眼を丸くします。一次会と二次会、それから三次会でお腹は完全にできあがっています。しかし、ここで王氏のオーダーを遮ると、やはり彼の「面子」を潰すことになるでしょう。ここは覚悟を決めて、「特上の常陸牛」「4人前」を待つことにしました。

ここでも飲んで、食べて、お酒とおしゃべりで楽しい時間を過ごし、12時すぎにこの焼肉屋を出ました。もちろん、お勘定はすべて王氏持ちです。

しかし、王氏の「面子」はまだ終わりません。これだけでは済まなかったのです。

「さあ、これからもう一軒行きましょう」と王氏。

「日本人は飲み会の仕上げはラーメンですよね。これからラーメン屋へ行きますよ」と王氏。

変なところで日本をよく知っています。王氏は半ば強引に私たちを連れてラーメン屋を目指し、結局、この後4人で「仕上げ」のラーメンを平らげて、王氏をホテルまで送り届けました。

「特上の常陸牛」と「ラーメン」の味、私にとっても、「忘れられない一日」になりました。

せっかちに「借り」を返そうとしない中国人

小さな借りは小さく返し、大きな借りは大きく返すのが中国流

ピンチヒッターでセミナーの通訳を担当していたときのことです。講師が話した単語の1つが訳せずにつまづいて、そのまま通訳がストップしてしまいました。こんなとき、頭の中が真っ白になり、思考回路も、トラブルへの適応能力も完全に麻痺してしまいます。通訳にとっては、どうしていいかわからず、パニックに陥る瞬間です。

そのとき、私のちょっと横で待機していた陳さんが助け船を出してくれました。私の耳元で「冷静に……」という一言と、つまづいた単語の意味を耳打ちしてくれたのです。おかげで私はこの難局を乗り切りました。

しばらくして、彼女は「大丈夫！　うまく行っている」というメモを私に見えるように胸元に掲げてくれました。私はこれですっかり冷静さを取り戻し、無事、臨時に引き受けた通訳を最後まで終えることができました。

セミナーの後、「陳さん、この『借り』はいつかきっと返すからね」と言って彼女に叱られ

ました。

「没事《メイシー》！　不用謝《プーヨンシエ》。こんなことを『貸し』だとは思っていませんよ」

「いいえ。それでは申し訳ない。こちらの気が済みませんよ」と言うと、「日本人の几帳面さはわかりますが、私は『あたりまえ』のことをしただけですから」

「貸し」と「借り」をつないで人間関係を深める。このように「貸し」と「借り」を大切にするのが中国人です。中国人にとって、「貸し」や「借り」があったほうがむしろいいことなのかもしれません。特に人情の貸し借りはその貸借関係のバランスが取れていなくてもかまわないようです。

日本人にとって、「借り」があるということはあまりいい気分ではありません。お金の貸し借りも、品物の貸し借りも長い時間借りっぱなしでいることは何となく居心地が悪いものです。

仕事の貸し借りもそうです。できれば「借り」を作りたくないと考えるのではないでしょうか。気持ちの貸し借りもそうです。ずっと「借り」を作ったままでは相手にも申し訳ないし、自分でも何となくすっきりしません。

日本人は「借り」ができると、どうしてもその「借り」をなるべく早く返したがります。返してしまわないとなんとなく決まりが悪く、できれば早く「借り」を返したいのです。

「借り」を返すと、「ああ、すっきりした」と思います。「やっと借りを返せてよかった」と思

日本人は「借り」を早く返そうとするが、中国人はせっかちに返してもらおうとしない。

います。「借り」を返すと、「これで貸し借りなし」とすっきりした気持ちになります。２人の間に「貸し」も「借り」もないことがよい関係なのです。

しかし、中国人は違うようです。「借り」をせっかちに返そうとはしません。本当に大切な「借り」は「恩」としていつまでも忘れず、２人の人間関係の礎にするのが中国人です。

中国人は「貸し」も「借り」もその人の「資産」の一部です。「借り」ができても慌ててそれをすぐに返そうとはせず、相手が本当に困ったときに「借り」を大きく返します。

逆に「貸し」を作っても、せっかちに返してもらおうとはしないで、「貸し」を貯金しておきます。すぐに見返りを求めるのではなく、本当に困ったときに「貸し」という貯金を引き出します。仲間が必ず助けてくれるのです。「貸し」も財産、「借り」も財産です。人情の貸し借りは「債権」も「負債」も財産と考えるのです。

時にはこの「貸し」と「借り」という資産を世代を越えて引き継ぐこともあります。「私からあなたへの『貸し』は、あなたの息子さんが私の娘に返してください」というように、「貸し」と「借り」が世代を越えて引き継がれるのです。

「タマゴ型コミュニティ」の「自己人」とはそういう関係です。「貸し」と「借り」で人間関係をつなぐ「自己人」の仲間は日本人の想像を超えた強い絆で結ばれた仲間、人を裏切らない仲間なのです。

陳さんからの「借り」は、私の貯金通帳にたくさん貯まっています。いつか彼女が本当に困ったときに大きく返したいと思っています。

【ポイント】「貸し」「借り」に対する対応
・日本人は「借り」は早く返そうとするが、中国人はじっくり構えて必要なときに返そうとする。
・日本人は「借り」があるとすっきりしないが、中国人は「借り」も財産と考える。
・日本人は「借り」を返すと「よかった」と思うが、中国人はいつか大きく返そうと考える。

お酒の席での貸し面子　その1
お酒の席でたいへん失礼な飲み方をしていませんか？

中国の宴会ではお酒は誘い合って飲むことが大原則

食事に続いて、お酒をテーマにした「貸し」「借り」の例を説明します。

「中国側のみなさんがこちらをじろじろ見るんですよ」と後藤さん（仮名）が話します。

ある食事会で隣のテーブルの様子を見に行ったときのことです。中国側が主催する食事会で、彼は私の隣のテーブルでした。通訳がケータイを片手に席を外していて、彼は何となく心細そうでした。

グラスを持って彼の隣に座ると、彼は居心地悪そうにしていて、何となくひとり浮いた感じです。「ときどきお酒を誘ってくれるんですが、何となくみんなから冷たい視線を感じます」と言います。

そんな彼の様子を見て、私はすぐに原因がわかりました。彼は知らず知らずのうちに、ホスト役の「面子」を潰しているのです。

「それは1人でちびちび飲んでいるからですよ」と私は彼にそっとアドバイスしました。

「さあ、みなさん『乾杯』しましょう」と私のほうからそのテーブルに座っていた他のメンバーを誘いました。

「こうするんですよ」と後藤さんに自ら実演してみせるためです。

「馬さん、今日はありがとうございました。乾杯、乾杯」と私は馬さんを誘って飲みます。

「次は劉さん、今日はお招きありがとうございました。乾杯……」と次に劉さんを誘います。

彼がなんとなく冷たい視線を感じていたのは、彼が1人でちびちびお酒を飲んでいたからです。中国ではお酒を誘い合って飲むことが基本原則。彼はそれを知らなかったのです。

「えっ？『乾杯』と言ったら、全部飲む。それだけじゃダメなんですか？」と戸惑ったような彼の様子。

「乾杯は、グラスのお酒を飲み乾すことですが、実はもっと大切なルールがあるんですよ。1回ごとに誘い合って飲むこと。これは感謝の気持ちの貸し借りをつなぐことと考えてください」

食事会が終わってから、私は改めてお酒の飲み方のマナーを彼に説明しました。私が名づけた「乾杯3原則」です。私のアドバイスを彼はメモをとりながら、熱心に聞いてくれました。

「乾杯3原則」とは、第1にお酒は誘い合って飲むこと、第2に飲む量を確認し合って飲むこと、第3に乾杯と言ったら杯を飲み乾すこと、この3つです。この3つのルールは、中国人とお酒を飲むときの基本中の基本のマナーです。みなさんもぜひ覚えておいてください。

「乾杯」はコップのお酒を全部飲み乾すこと。この第3原則を知っている方は多いようです。実践している方もたくさんいらっしゃるでしょう。中国ビジネスでは、基本的なマナーの1つです。

しかし、第3原則は知っている方でも、第1原則を実践していない方がけっこうたくさんいるようです。食事の席で1人ちびちび飲んでいる日本人を見ると、ホスト役の中国人が彼をどう思うか、はらはらさせられることがしばしばあります。後藤さんのケースもそうでした。

第1原則とは、「お酒は誘い合って飲む」ということです。

「陳さん、今日はお招きありがとうございました」とグラスを手に彼を誘います。

「こちらこそ。本日はご参加ありがとうございます」と陳さんもグラスを手に応じます。

これが「誘い合う」ということです。お酒を飲むときはこうして誰かを誘って飲まないといけないのです。つまり、1人でちびちびと飲んでいてはダメ。必ず誰かを誘っていっしょにお酒を飲むことが中国流の基本ルールです。

日本ではこの「誘い合って飲む」という習慣がありません。ついつい1人でグラスを口に運んでしまいがちです。しかし、実はこれは食事会に参加している他のみなさんに対してたいへん失礼な行為です。1人でちびちび飲んでいる日本人を見ると、いつもはらはらさせられます。

本人はあまり意識していないのでしょうが、ホスト役や他のメンバーに対してたいへん失礼な行為をしているのです。知らず知らずに、相手の「面子」を潰しているかもしれません。

飲むときは必ず誰かを誘って飲むのが大切なマナーです。まずはホスト役に、次に参加者の中で目上の人（役職の高い人や年齢が上の人）から、順番に誘っていきます。向こうもみなさんを誘ってくるはずです。場が和むと、順序をあまり気にせず、自由に誘い合うようになります。一対一でも、一対二でも、一対グループでも、グループ対グループでもかまいません。

誘い合って飲むということは、慣れない日本人にはちょっと面倒で、煩わしさを感じるかもしれません。しかし、この飲み方に慣れてしまうと、誘い合わない日本流が何となくさびしく、物足りない感じがします。日本でもぜひ普及させたいものです。互いに言葉を交わしあい、感謝の気持ちを伝えながら誘い合って飲むことは、なかなかいいものです。「お酒は誘い合って飲みましょう！」、読者のみなさん、ぜひ日本でも普及させていきませんか？

【ポイント】乾杯3原則

・第1原則　お酒は誘い合って飲む。1人でちびちび飲むことはホスト役に失礼。
・第2原則　お酒を誘うときにお互いに飲む量を確認し合ってから飲む。
・第3原則　「乾杯」と言ったら、グラスのお酒をぜんぶ飲み乾す。
※「乾杯」で杯を飲み乾す以上に第1原則の実践が重要。

お酒の席での貸し面子　その２
宴会で乾杯を断るのは相手の「面子」を潰す行為

ドキュメント　自己最高の乾杯記録「白酒」32杯

食事会での貸し借りが、お互いの「面子」をかけてお酒を飲む「貸し借り」へとエスカレートすることがあります。これは、お酒の席での「面子」をかけたエピソードです。

中国には、「白酒《バイチュウ》」という恐ろしいお酒があります。ひな祭りの「しろざけ」（御屠蘇）ではありません。アルコール度数58度とか、63度とかの強力なお酒です。

「武勇伝」を語るわけではありませんが、私はこの「白酒」で乾杯32杯という記録を持っています。実は私はそれほどお酒が強いわけではありません。しかし、その日は完全に戦闘モードにクラッチが入り、アクセル全開で最終コーナーまで走り抜きました。後には引けない「面子」を賭けた飲み会でした。

中国のある地方政府が主催する食事会での出来事です。日本からミッション団を引率し、日本側の取りまとめ役として、この人民政府の食事会に参加しました。何度も訪問したことのある場所です。中国側の歓迎ムードがひしひしと伝わってきます。宴席は和やいだ雰囲気で始まりました。

「今日は乾杯攻撃があるだろうな」とちょっと覚悟を決めて、「できればターゲットにされたくないな」と思いながらも、とりあえずは「準備態勢」だけでも整えておこうと思いました。「準備態勢」とは、宴席に臨む前に整えておく「自己防衛手段」です。空腹では宴席に臨まない、始まる前にお湯をガブ飲みしておく、テーブルの上の余分なコップは片づけてもらう。これらは私が編み出した宴席が始まる前の予防的措置です。

宴席が始まったら、ターゲットにされる前に攻め手（乾杯を仕掛ける側）に回るという積極策もあります。前作『すぐに役立つ中国人とうまくつきあう実践テクニック』では、「歌を歌う」とか、「身内に犠牲者を作る」という究極の「防御策」も披露しました（しかし、この方法は宴席後の人間関係のメンテナンスが必要）。

宴席が始まってすぐ、嫌な予感は的中しました。中国側のホスト役ナンバー2が「白酒」の杯を持って、肩をゆらしながら、のしのしとやって来ました。しかし、こちらはまだ服務員に持って来てもらったお湯をゴクゴクと飲んでいるところ、準備を整えている真最中です。

彼は私の席にやって来て、「乾杯《カンペイ》！　乾杯《カンペイ》！」と言って、「白酒」を一気に飲み乾してしまいました。「ちょっと待って」と言う暇すらも与えてくれません。

「今、お湯を飲んでいるところです。乾杯なら後でゆっくり……」なんて言う時間などありませんでした。彼は自分の「白酒」を一気に飲み乾すと、私に向かって一言、「你不給我面子《ニープーゲイウオミエンズ》！」と低い声で捨て台詞を残して、さっさと自分の席に戻っていきました。

日本語にすると「俺の顔を潰したな！」という捨て台詞です。悪意は感じられませんでしたが、「酒ではお前なんかに負けない」と言わんばかりの宣戦布告です。

弁明の機会すら与えてもらえず、いきなり「你不給我面子！」です。「俺の顔を潰したな！」という一言は強烈でした。ここで引き下がってはいられません。

この瞬間、こちらもスイッチが入りました。完全に戦闘モードです。自己防御策ではなく、積極攻撃策に戦略変更です。「完全戦闘モード」にクラッチを切り替えました。すぐに彼のところへ行って、まずは「白酒」で乾杯を3回。その後も、彼や中国側の要人と徹底的に乾杯を繰り返しました。この日は自分史上でかつてない史上最大の戦闘作戦となりました。

「32杯目」までは覚えています。しかし、その先はあまり覚えていません。その日、いったい何杯飲んだのかは日本側の友人の証言もみんな曖昧です。ただし、幸い食事会が終わった後もしっかり自分の足で歩いてレストランを出て、クルマに乗って、ホテルに帰ったようです。中国側や日本側の関係者にあまり迷惑をかけず（?）、何とかホテルにたどり着いたようです。

次の朝、ホテルの自分の部屋で目が覚めました。ドアを開けて、ベッドまであと1・5メートルぐらいのところで倒れて、そのまま寝てしまったようです。何とかここまでたどり着いて、きっとホッとしたのでしょう。そのまま眠り込んでしまったようです。「ベットまでもうちょっとだったのに……」と思いましたが、何とかここまでたどり着いた自分を自分で褒めてあげたい気持ちになりました。

「白酒」で乾杯32杯は自己最高記録です。しかし、繰り返しますが、私はお酒が強いわけではありません。その日は自分史上最高の「面子」を賭けた（？）飲み会（ミッション）でした。

しかし、自己最高記録を達成した秘訣には、もう1つ極秘の「奥の手」があります。

その秘訣とは……、残念ながらこの本には書けません。

もし、それを知りたい方がいらっしゃれば、ビールでもご馳走してください。居酒屋にでも誘っていただければ、その究極の「奥の手」をご伝授申し上げます。生ビール2～3杯でけっこうです（笑）。ぜひ、ご連絡ください。

【ポイント】お酒の席での注意点

・「お酒の席の無礼講」はない。「酔った勢いで……」は許されない。酔い潰れてはいけない。
・食事会の後は、シャキッとして店を出る、しっかりタクシーに乗る、きっちり家に帰る。
・「親しき仲にも礼儀あり」→「お酒の仲にも礼儀あり」、飲み仲間の間にこそ最高の礼節を。

贈り物の貸し面子　その1
「つまらないもの」を贈ってはいけない

メッセージやエピソードを添えて贈るのが効果的

貸しと借りをつなぐ人間関係を深めるときに、食事やお酒と同じくらい大切なものが「贈り物」です。

前作『すぐに役立つ中国人とうまくつきあうテクニック』を読んでくださった読者の方からたくさんのメールをいただきました。とりわけ、「中国人に時計を贈ってはいけない」というメッセージは大きな反響を呼びました。「何をいまさら」「そんなことあたりまえのことじゃない」という反応が多いかと思っていたのですが、ご存知のない方が意外と多いことに私自身ちょっとびっくりしました。理由は本書の序章33ページでも説明したとおりです。

他に、傘や扇子も避けたほうがいい品物です。中国語で「雨傘《ユィサン》」（yu san）「扇子《シャンズ》」（shan zi）という発音が、「解散《ジェサン》」（jie san）「離散《リーサン》」（li san）の「散《サン》」（san）という言葉を連想させます。「散らばる」「ばらばらになる」「別れ別れになる」という意味です。マイナスイメージを連想させる言葉なのです。

「腕時計は大丈夫ですか?」という質問もよく受けますが、これは大丈夫です。「腕時計」は中国語で「手表《ショウビヤオ》」(shou biao)と言います。つまり、同じ時計でも「鐘《ヂヨン》」(zhong)という発音ではないので大丈夫です。英語のウォッチは大丈夫で、クロックはダメということです。

ここで贈り物の実践テクニックです。取引先の中国企業に記念品を贈るというようなケースを考えてみましょう。ここでのポイントは3つです。第1に、どこに置くかを想定する。第2に、メッセージを添える。第3にもらい手が他の人に自慢したくなるような工夫をする。

たとえば、中国側に友好の証として「日本人形」を贈るケースを考えます。本当に大切な相手なら、まず品物選びに注意が必要です。相手の地位や身分に相応しい品物を選ぶべきです。あまりにも安っぽい物やつまらない物は避けるべきです。

まず、贈り物を選ぶときに、「贈った後でどこに飾ってもらえるか」ということもある程度想定した上で、品物選びをしてみることをお勧めします。社長室なのか、来客を招く応接室か、会社のロビーか、置いてもらう場所をしっかりイメージしながら品物を選んでみましょう。贈るときには、「この日本人形をぜひ応接室においてください」と、飾る場所を指定して渡すことも1つの方法です。もし初めて訪れる相手なら、贈り物を渡すときに、その場で「ぜひここに置いてください」と最もふさわしい場所を相手に伝えてみてはいかがでしょうか。

次に、贈り物にメッセージを添えます。渡すときになぜこの日本人形を選んだか、1分間ぐらいのエピソードを披露します。このメッセージは人情の貸し借りで相手に伝えたい気持ちをさり気なく添えて相手に伝える絶好の機会になります。このエピソードのキーワードを色紙に書いて、日本人形に添えて贈るという方法も効果的です。日本人形の横にキーワードを書いた色紙が並び、よりグレードの高い贈り物になります。あなたが社長の代理で贈り物を届けるとき、社長のメッセージやコメントを写真入りでフォトスタンドに入れて贈るという方法もあります。

最後は、この贈り物を贈られた側がみんなに自慢したくなる工夫です。応接室に通された来客は、必ずこの日本人形に注目するはずです。そのときに彼に自慢話をさせるための工夫です。

来客に披露したくなるようなエピソードや自慢したくなるようなウンチクをまとめて、メッセージを工夫するとよいと思います。覚えやすいエピソードであること、自慢したくなるようなストーリーであることがポイントです。このようなちょっとした工夫で、贈り物効果が劇的に変わるものです。

贈り物は、自分と相手の人間関係のバロメーターです。大切な相手にはそれ相応の品物を贈るべきです。「つまらない物」は要らないと考えるのが中国人です。中国人は一般的にブランド品や高級品を好みます。あまり安っぽいものを送ることは、相手の「面子」をつぶすことになります。「我々2人の人間関係はこの程度のものか」と思わせてはいけないのです。

しかし、本当に重要なのは、心がこもっているかどうかという点です。贈り物は人間関係を急接近させるときのとても有効なツールとなります。ぜひ、単に儀礼的に渡すのではなく、真の「友好の証」として贈り方を工夫したいものです。

【ポイント】贈ってはいけない品物
・禁止品目……置時計、掛時計、目覚し時計などクロック。腕時計（ウォッチ）は大丈夫。
・注意品目……傘、日傘、扇子、緑の帽子など（他に、靴、ハンカチ、薬、ネクタイ）
・言葉の注意点……「つまらないものですが」「みなさんで召し上がってください」はダメ。
※地域により品物が異なる場合があります。

【ポイント】「贈り物」選ぶコツ、贈り方のコツ
・相手が飾る場所、置く場所を想定して贈り物を選ぶ。
・贈り物にメッセージをつける。その品物を選んだエピソード、贈り物に込めた思いを伝える。
・相手が来客に話したくなるような、自慢したくなるようなメッセージを準備。
・メッセージを書いた色紙を添えて贈る。フォトスタンドにメッセージを入れて贈る。

贈り物の貸し面子　その2 世の中はエコブームでも、「緑の帽子」は絶対にNG

「緑の帽子」は、恋敵にガールフレンドを奪われた不甲斐ない男を意味する

ここで余談ですが、「緑の帽子」のエピソードを紹介しましょう。

「緑の帽子」は中国人に絶対にプレゼントしてはいけないモノです。

会社のエコキャンペーンやグリーンキャンペーンのノベルティとして、「緑色の帽子」を配ったりしていませんか？　少なくとも中国から来たお客さまには、この帽子をプレゼントしないほうがよさそうです。ご注意ください。

お客さまの「面子」を潰さないために、自分で自分の「面子」を潰さないために、そして、「恥」をかかないために、みなさんへちょっとしたアドバイスです。

中国人の女の子たちのグループの前に、「緑色の帽子」をかぶった男性が現れると女性陣はくすくすと笑い出します。もっとも中国人の男性は間違っても「緑色の帽子」をかぶって女性の前に現れませんが、事情を知らないと「どうしてみんな笑っているのだろう？」ときょとんとしてしまうかもしれません。

実は「緑色の帽子」というのは、「不倫」を意味します。

つまり、「緑の帽子」をかぶって人前に出るということは、「私のガールフレンドは別の男性と浮気をしていますよ」とみんなの前で宣言していることになります。「緑色の帽子」をかぶることは「妻を他の男に奪われた男性」というサインなのです。つまり、「不甲斐ない男性」を意味します。

その理由は諸説あるようですが、いくつかを紹介しましょう。

昔の中国の元王朝や明王朝の時代は、色によってその階級や身分を表わしていました。当時は厳しい階級制度があった時代です。身につける衣服の色まで法律で制限があったそうです。その中でも「緑」や「青」は賤職の色とされていたと言います。

娼婦など賤職に携わる人々は緑の衣服を身にまとうように決められていたとも言われています。特に娼婦の親族の家長は「緑色の頭巾」を頭に巻いていたという説があります。こうしたことから「戴緑帽子《ダイリユイマオズ》」という中国語は「妻を寝取られた男」という意味する言葉として今でも残っているわけです。

また、こんなエピソードもあります。

昔々、「不倫」をしている女性がいました。ご主人とは違う別の男性を好きになってしまいました。この女性のご主人は商人で地方に仕事で出かけることが多かったそうです。

出張のとき、女性は夫に「緑の帽子」をかぶらせて家を送り出したそうです。これは「今夜、夫は家に帰ってこない」という浮気相手の男性へのサインです。

帽子をかぶっていない日は、夫が夕方には家に帰る日です。浮気相手の男性は家を出る男の様子を見て、女性の家に遊びに行くかどうかを窺ったといいます。

何も知らない夫は「緑の帽子」をかぶって出かけます。それで「緑の帽子」が「妻を他の男に奪われた男性」「不甲斐のない男性」を意味しているわけです。

「緑の帽子」をかぶって人前に出るということは、「私のガールフレンドは別の男性と浮気しています」とみんなの前で公然と宣言しているようなものです。自分の不甲斐のなさをみんなの前で晒しているようなものです。

みなさんはくれぐれも中国人の前で「緑色の帽子」をかぶらないように……。

【ポイント】「緑の帽子」を贈ることはNG

・「緑の帽子」をかぶることは情けない男の目印
・「緑の帽子」は「不倫」をイメージさせる品物
・「緑の帽子」とは女性を奪われた不甲斐ない男性の象徴

自宅での「おもてなし」その1
自宅への招待は最高の「おもてなし」

「急接近」で相手との距離を縮めようとする中国人

貸し借りをつなぐ食事会の究極の形は、自宅での「おもてなし」です。中国人は友人を自宅に招くことを最高の「おもてなし」と考えます。

ある大手台湾パソコンメーカーの副社長とたいへん親しくさせていただいています。よく情報交換の機会を持たせていただいていますが、会社では何千人もの部下を指揮するとても偉い方で、たいへん気さくに接してくれるとこちらが恐縮してしまうほどです。

その副社長からご自宅へ招待いただくという機会がありました。私と彼の部下と何人かで副社長の自宅にお邪魔しました。

「遠慮しないで、くつろいでください。いますぐ食事の準備をします」と気さくな彼。

様子を見ると、なんと彼は台所で料理を始めました。

聞くと、たまたま奥様が外出していて、彼が手料理を作ってご馳走してくれると言います。

「外に何か食べに行きましょう」と提案しましたが、「自分で何か作る」と言って聞きません。

料理にはけっこう自信があるようです。お言葉に甘えて、遠慮なく彼の手料理をご馳走になることにしました。

しばらくして食卓に料理が並び、食事が始まりました。けっこう本格的な中華料理です。彼は「田舎料理だ」と謙遜していますが、なかなかのものです。

食事をしながら、こんな話になりました。

「日本人はなんとなくみんな冷たい感じですね」と彼は言います。同席している部下たちも頷いている様子です。

「どうしてそう思うんですか？」と質問すると、「日本人はどうしてみなさん遠慮するんですか？　何かいつも固い感じですね」と彼は言います。

「私もそう思います。みんな『壁』を作って、冷たい感じです」と彼の部下たちも同じ意見。聞くと、型にはまった名刺交換、他人行儀な接し方、本音を言わないミーティング、食事会でも、お酒の席でも何となく距離感があり、何か「壁」があるように感じると言います。

「確かにそう見えるのかもしれませんね。しかし、これは『壁』ではなく、『ふすま』です」と私なりの解説を始めました。

「人と人との間には『ふすま』が何枚もあり、日本人はこの『ふすま』を一度にいきなり全部開いて、急接近で近づいたりはしないのです。ふたりの親密度に合わせて1枚ずつ順番に『ふすま』を開けていくんですよ。ふたりの間の『距離感』を確認しながら少しずつ人間関係を構築していくのが日本人です」と説明しました。

ふたりの人間関係を構築するとき、相手との距離間隔を意識しながら、一歩ずつその距離を縮めていくのが日本流です。これを「距離感重視型」と言います。一方、中国人は構築のプロセスに違いがあり、「急接近型」です。一気に距離を縮めて急接近して、すぐに仲良くなろうとするのが中国人です。日本人のように意識的に距離間隔を保つということがありません。

「逆に日本人から見ると、急接近型の中国人は違和感があります。馴れ馴れしく見えたり、せっかちに見えたりするんですよ。いきなり玄関を開けて、土足で家の中へばたばたと入ってくるような感じです」と説明を加えました。

しかし、副社長はなかなか納得がいかないようです。

「それじゃ、いきなり自宅に招いて手料理をごちそうするのも、失礼なことでしょうか？」

「いいえ、それはそれでたいへん光栄なことですが……」と前置きしてから、「日本人はやはり恐縮してしまいますね」と説明するとまた悩んでしまったようです。

「うーん。どうして日本人は遠慮するんでしょうね？」と彼のコメントは振り出しに戻りました。

その後もしばらく「壁」や「ふすま」の話が続きました。その日は納得のいく結論がなかかなか出ないまま異文化理解の難しさを再確認する結果になりました。
しかし、副社長のご馳走してくれた料理はとても美味しい手料理でした。何より「おもてなし」の心という最高のスパイスが効いた味つけでした。

【ポイント】中国人の「おもてなし」

・「家に招くこと」が最高のおもてなしと考える。
・「気を遣わないこと」「気を遣わせないこと」が大切なおもてなしと考える。
・家族の一員のように扱うことを「あたりまえ」のおもてなしと考える。

自宅での「おもてなし」その2
自宅へ招待されたら遠慮なく応じよう
中国では中国流に振る舞うのがベスト

土日を挟んだ中国出張、金曜の夜、中国人の友人から電話がかかってくることがあります。「週末何やっているの？　よかったら家に遊びにおいでよ」という誘いです。

「ありがとう。でも、ホテルで資料の整理とかやることがあるから、また今度ね」と答えます。

実はたいした仕事はないのですが、やはり遠慮してしまいます。みなさんも同じではないでしょうか。土日の朝はゆっくり起きて、睡眠不足を解消したいものです。日本では終電に駆け込んで帰宅する日が続くこともあります。

中国出張は雑務に追われることがないので、逆にゆっくり考えごとをする絶好の機会です。土曜の朝はゆっくり朝寝坊をして、朝食にたっぷり時間をかけて、ゆったりと時間を過ごせる最高の時間です。

「うちへ来てゆっくりすればいいじゃない？」とまた友人からの誘いです。

「ありがとう。ホテルでゆっくりしたいから」といつものように答えます。

「うちに来たほうがゆっくりできるよ」と繰り返し友人からの誘いです。

「いいえ、ゆっくり朝食の時間を作りたいし、ゆっくり仕事の整理もしたいし……」といつもよりはっきり答えます。すると、

「うちでゆっくり仕事すればいいじゃない。朝食もあるよ」という彼の答え。

「いいえ、もうすっかりホテルのベッドに慣れちゃったし、枕が変わるとまたゆっくり眠れないから……」と答えると、

「うちのベッドも寝心地いいよ」と彼はどうしても自宅に誘いたいらしく、それでも謝辞すると……、

「それじゃ、今度来るときまでに専用の枕を買っておいてあげるよ」とこちらの期待とは別の方向へ親切の話が進んでいってしまいます。

中国人は友人を自宅に招くことが最高の「おもてなし」と考えるようです。中国や台湾出張でこのような経験を何度もしました。「うちに遊びにおいで」「泊まっていきなよ」という誘いです。

また、学生時代にはこんな経験もありました。

「うちに遊びにおいで」という誘いがあり、断るのも申し訳ないなと思って、彼の家に遊びに行くことにしました。しかし、その日は何をするわけでもなく、一日中だらだらとリビングで

テレビを見たり、おしゃべりをしたり、結局何もしないで過ごす1日になりました。

「うちにおいで」と誘うからには、「どこかに連れて行ってくれるのかな」とか、「近くの名所や旧跡でも案内してくれるのかな」とか、ちょっと期待するものです。どこかうまいものを食べに行くとか、せめて近所の散歩ぐらいと、何かしらのイベントを期待していたのですが、見事に裏切られ（？）、本当に何もしない1日になりました。

中国人は自宅にお客さまを呼んでくつろいでもらうことを最高の「おもてなし」と考えるようです。結局、この日は彼の家族と食事をしたり、夜遅くまでおしゃべりをしたり、みんなでいっしょに映画を見たり、楽しい時間でしたが、これが最高の「おもてなし」なのです。

「気を遣わないでいいよ。遠慮なくくつろいで」と彼は言います。

しかし、日本人は他人の家に行くとどうしても気を遣ってしまいます。彼の家族と初対面である場合、なおさらです。あれこれと気を遣ってしまうものです。

もし、中国人に「うちに遊びにおいで」と誘われたら、本当に遠慮なく、気を遣わないでお邪魔したほうがよさそうです。これは彼との人間関係を深める絶好の機会だからです。また、彼の家族と知り合いになれる絶好の機会と捉えて、「中国流」で振る舞ってみてはどうでしょうか。

自宅への誘いは、「貸し面子」を越えて「義の面子」へ進む入口です。

自宅での「おもてなし」その3　他人の家でも自分の家のように振る舞うのが中国流

「トイレ貸して」と言ったら叱られる?

土日を挟んだ中国出張で週末を利用して友人の家に遊びに行くことにしました。彼とゆっくり話をしたかったたし、見たい映画があったので、遠慮なく彼の自宅にお邪魔して週末を過ごすことにしました。

「遠慮しないで、ゆっくりくつろいでね」と彼はさっそくお茶を入れてくれたり、お菓子を出してくれたり至れり尽くせりです。

「ようこそ、いらっしゃい」と彼のお母さんも台所から顔を出して歓迎してくれました。夕食の準備中でした。私が来たから特別な料理を準備しているという様子でもなく、夕食はお母さんの手料理をご馳走になりました。

「何もないけど、ゆっくり食べてください」と夕食が始まりました。その日は彼のご両親や弟さんといっしょににぎやかな食事になりました。

「遠慮なく、ゆっくりしてね」と彼は繰り返し言い、食事が終わってからいっしょに映画を見始めました。

「これ、食べていい？」と映画を見ながら彼に聞きます。テーブルの上のポップコーンです。きっと彼が準備しておいてくれたのでしょう。

「どうぞ、遠慮なく」と彼の返事。

「こっちも食べていい？」と彼に聞きます。テーブルにピーナッツがありました。

「どうぞ、ご遠慮なく」と彼の返事。

「ちょっとエアコン強くしていい？」と彼に聞きます。ちょっと暑いなと感じたので。

「ご遠慮なく、どうぞ」と彼は映画に夢中です。

「ちょっと窓開けていい？」と彼に聞きます。換気のため。

「ご自由に、どうぞ」と彼の返事。何かそっけない感じです。

「ちょっとトイレ借りていい？」と彼に聞きます。トイレに行きたくなったので。

そこで、彼はいきなりため息をついて言いました。

「いちいち聞かなくてもいいよ。トイレ使えばいいじゃない」とちょっとだけいらいらした感じです。

実は、こんなときはいちいち「〇〇〇していい？」と相手に確かめないのが中国流です。

ポップコーンもピーナッツも、エアコンのリモコンも、窓を開けることも、トイレを使うことも、いちいちことわらずに勝手に使えばいいのです。

しかし、日本人だったら他人の家に行って、ことわりもなしに勝手にトイレを使うことのほうが、むしろ抵抗感があります。「すみません。ちょっとトイレ借りてもいいですか？」と一言声をかけるのがマナーではないでしょうか？

しかし、中国ではトイレを借りるときも、シャワーを使わせてもらうときも、テレビを点けるときも、見たい番組にチャネルを変えるときも、（誰も見ていなければ）いちいちことわる必要はないのです。

「勝手に使っていいから、自由にしていいよ」と彼が言います。

「わかりました」と2人で映画の続きをまた見始めました。

しばらくして、私は「ちょっと試してみよう」と思って、台所へ向かいました。

そして、冷蔵庫を開けて、コップにウーロン茶を注いで、勝手に飲み始めました。

「そうそう、それでいいんだよ」という表情で彼はニコッとして台所にいる私のほうを見ます。

他人のうちで勝手に冷蔵庫を開けて、勝手に飲み物を飲むなど、何かものすごく抵抗感がありますが、これが中国流です。冷蔵庫を開けることも、ウーロン茶を飲むことも、何の遠慮も要らないのです。

もしかしたら、ダイニングボードに並んでいる高級ワインや年代モノの紹興酒も、「遠慮なくどうぞ」かもしれません。次の機会に彼の家に遊びに行くときにはちょっと試してみようと思います。

【ポイント】中国人は「急接近型」
・「失礼な質問」をしてくる中国人→早く親しい友人になりたいという気持ちの表れ。
・「熱烈歓迎」→食事、お酒が人間関係を深める絶好の機会と考える。
・「外人」から「熟人」まで急接近で近づける。「ふすま」という距離感を持たない。
・「馴れ馴れしい」「違和感がある」と考えずに、関係を深める絶好の機会と考えよう。

【ポイント】日本人は「距離感重視型」
・ふたりの間に「ふすま」があり、一定の距離感を保ちながら段階的に人間関係を作る。
・一気に近づこうとはしないで、一枚ずつ「ふすま」を開けてふたりの距離感を重視する。
・中国人から見ると、「冷たい感じ」、「親近感が感じられないと感じられる」。
・中国人も日本人に対して、逆の意味で違和感を感じる。

自宅での「おもてなし」　その4 親しい友人の家では家族同然に振る舞うのがマナー？

冷蔵庫を勝手に開けるのは礼儀知らず（？）ではない

前項の逆の事例も紹介しましょう。日本での事例です。中国人の「遠慮しない感覚」に戸惑ってしまった日本の方の話です。私がこの説明をするまで、ずっと悶々としていたそうです。

ある勉強会に参加した田中さん（仮名）が私にこんな経験を話してくれました。

田中さんには息子さんがいらっしゃいます。中国の方と結婚したそうです。息子さんの仕事先は東京なので、東京に新居を構え、いま2人は東京に住んでいます。そこに、奥様（中国人）のご両親が中国から来ることになりました。義理の娘の両親である楊さんご夫妻です。

本当は自宅に泊まっていただきたいところです。しかし、日本の住宅事情を考えるとそういうわけにはいきません。田中さんの奥様が手料理を作り、せめて食事会だけでもと自宅に中国からのお客様を招きました。奥様は自慢のレパートリーから楊さんご夫妻のために特別のレシピで夕食を準備したそうです。

楊さんご夫妻がやってきました。日本に来るのは初めてではありませんが、日本での滞在はいつもホテルか一人暮らしをしていた娘のマンションです。日本人の家はやはり物珍しいのでしょう。田中さんの自宅にやって来た楊夫妻は家の中を見回してきょろきょろしています。

食事が始まり、テーブルに田中さんの奥様が腕によりをかけた手料理が並びました。奥様は料理が口に合うかどうかを気にしていたようですが、2人にたいへん好評でした。食事中の会話も弾み、日本語と中国語交じりの楽しいおしゃべりが続きました。

中国では、自宅に招くことが最高の「おもてなし」です。泊まっていただくことはできませんでしたが、楊さんご夫妻もきっと喜んでくれたはずです。2人の楽しそうな様子に田中さんはほっとしたそうです。

お茶とデザートが出て、みんなくつろいだ雰囲気でおしゃべりをしていました。田中さんがちょっと席を外してリビングに戻ると、楊さん（ご主人）の姿がありません。「トイレかな?」と思ってあまり気にしていなかったそうですが、楊さんはなかなか戻ってきません。すると、台所のほうで何やらがさがさ物音がするのが聞こえてきました。

田中さんが台所に行ってみると、楊さんは冷蔵庫を開けてグラスにオレンジジュースを注いで、飲み始めようとするところでした。田中さんが驚いて、「オレンジジュースですか? 私がお持ちしますよ」と英語で話しかけると、楊さんは「大丈夫、自分でやるから。気にしないで」と身振り手振りで答えました。

田中さんはとてもびっくりしたそうです。自宅に招いたお客様が突然台所で冷蔵庫を開けてオレンジジュースを飲み始めたら、みなさんもびっくりするのではないでしょうか？　田中さんだけではないはずです。「なんて失礼な人」と思うでしょう。

しかし、楊さんにとって、冷蔵庫もオレンジジュースも、テーブルのお菓子や果物も、そしてエアコンもテレビもトイレも、みんな「わが家のもの」なのです。家の中では家族の一員として遠慮なく振る舞うのです。これは日本人にはなかなか理解し難いことかもしれません。

逆に、日本人が中国人の家に招かれたら遠慮しなくてもいいわけです。

「今度、中国の娘さんの両親のお宅にお邪魔して、試してみてはどうですか」と私は田中さんにアドバイスしました。

「冷蔵庫を開けて勝手にジュースを飲んでもいいんですか？」と田中さん。

「そうです。ジュースを飲んだり、ヨーグルトを食べたり、チョコレートやビールやお摘みのチーズも……」と言いかけると、「いやあ、そんなことはやっぱりできないな」と田中さんのコメント。

わかっていても日本人にはなかなかできない行動かもしれませんね。

自宅への招待は「タマゴの関係」づくりの最短の道

日本人の「申し訳ない」という気持ちは中国人には理解されない

月に一回ぐらい中国出張がある高橋さん（仮名）からこんな相談を受けました。

「出張に行くとよく『家に遊びに来ませんか』と誘われるのですが、どうやって断ったらいいでしょうか？」という相談です。聞くと、取引先の中国人から頻繁に誘いを受けるそうです。

「その度にうまく断っているのですが、何度も誘いがあるので断るのはもう限界かと思って」

「どうして断るんですか？　行けばいいのに」と答えると、

「だって申し訳ないじゃないですか？　いろいろと気を遣ってくれるのは嬉しいけれど」と言います。

「でも、一回ぐらい行ったほうがいいかな？」とも言います。遠慮しているのか、断ることが心苦しいのか、とにかく彼はあまり気が進まないような雰囲気です。

「申し訳ない」と彼は言いますが、いったい誰が誰にどうして申し訳ないのでしょうか？

高橋さんの立場で言うと、「私が遊びに行くと、取引先の中国人の『家族』に申し訳ない」

ということでしょうか。「何度も誘いを断っているので、誘ってくれた本人に申し訳ない」ということでしょうか。

しかし、誘う側は「面識のない日本人を家に招いても、彼は自分の家族に対して申し訳ない」とはまったく思っていないはずです。むしろ、彼の家族はみんなで高橋さんを歓迎してくれるはずです。家を訪れる友人に対して、誘った本人もその家族も、日本人が考えているほど気を遣ったりはしないのです。遠慮なく遊びに行くべきです。

実は、私も同じようなことがよくありました。

「家に遊びに来ませんか？」という誘いを受けます。出張先のホテルにかかってくる電話です。

「ご好意はうれしいけど、ご自宅にお邪魔するのは申し訳ないので……」とよく答えたものです。

「遠慮しなくてもいいんですよ。みんなで食事しましょう」と電話の声。

こんなことが本当にたくさんありました。

「ご自宅にまでお邪魔するのは申し訳ないな」と思ってしまいます。普通の日本人ならみんなそう思うでしょう。「遠慮しないでおいで」と言われても、何かと気を遣ってしまいます。

「本当に遊びに行ってもいいのだろうか？」「ご迷惑じゃないか？」と考えてしまいます。

「誘ってくれた本人はともかく、他の家族のみなさんにご迷惑じゃないか？」とか、「本当に歓迎されるのだろうか？」とか、「逆に気を遣わせてしまうことにならないか？」とか、いろいろと考えてしまうのが日本人です。

ここで結論を言います。

もし、出張先で中国人から「家に遊びに来ませんか」と誘いを受けたら、迷わず行くべきです。そんなときはまったく気を遣わなくていいのです。遠慮なくお邪魔して、奥さんの手料理をしっかりご馳走になってくればいいのです。私も今はそうすることにしています。

中国人はお客さまを家に招くことを最高の「おもてなし」と考えています。これは実はたいへん光栄なことなのです。家族もいっしょになって親しい友人をもてなすのが「タマゴの関係」です。あまり気を遣わずに遠慮なくお邪魔して、食事をご馳走になってくるべきです。

一方、日本ではどうかというと、友人を自宅に招いてもてなすということはあまり多くないでしょう。そもそも住宅事情（住宅の広さ）や通勤時間（会社との距離）などから考えて、外国から来たお客さまを自宅に招いておもてなしするというのは現実的ではありません。

交通の便利な都心に大きな豪邸を持っている人なら別ですが、一般のサラリーマンにはなかなか難しいことです。何時間も電車に揺られて狭い自宅に来ていただくのは、逆に申し訳ない気がします。わが家も例外ではありません。そもそも料理の準備やおもてなしの方法を考えるだけで、家族会議が紛糾しそうです。

結論を繰り返しますが、もし、出張先で中国人から「家に遊びに来てください」と誘いを受けたら、迷わずに行くべきです。これは現地駐在の方ももちろん同じです。

実は「遊びにおいで」と誘われることは、「タマゴの関係」を深める絶好の機会なのです。

家族との食事会は次の「義の面子」へ進む道標なのです。

ちょっとした手土産を持って、遠慮しないで出かけて行きましょう。


【ポイント】「遊びにおいで」と誘われたら
・家族との食事会や自宅にお邪魔することは人間関係を深める絶好の機会。
・家族との交流は「タマゴの殻」の中へ入っていくための第一歩。
・自宅にお邪魔したら、遠慮しないで家族同様に振る舞う。

■知っておくと役立つ「お酒の席」の豆知識④

〈お酒を飲む時の注意点〉

・お酒は相手のグラスに注いであげてもいいし、注いであげなくてもいい。中国では、手酌で注ぐことは失礼ではない。
・1人でちびちび飲むことはホストにたいへん失礼な行為。お酒は必ず誘い合って飲む。
・お酒を誘われたとき「断ること」は相手に対してたいへん失礼な行為。相手の誘いに応じて飲む。
・お酒が弱い人、体調が悪いとき、「最初の一杯だけ」はよくない。飲まないなら最初から飲まないほうがいい。

第4章

中国人の「義の面子」を理解する

「義の面子」は、人間関係を維持するときに使う

「タマゴの関係」に入るためのつきあい方

3つの面子の最終段階が「義の面子」です。「網面子」で人脈を広げ、「貸し面子」で「タマゴの関係」をめざし、その最終段階に「義の面子」が登場します（図10）。

絶対に人を裏切らない仲間、強い絆で結ばれた仲間、これが「自己人」の仲間です。「タマゴ型コミュニティ」はこうした「自己人」の仲間のたくさんの「義の面子」によって形作られていると言ってもいいでしょう。「タマゴの関係」は「義の面子」によって支えられています。

「タマゴの関係」は多ければ多いほうがいいというわけではありません。知り合う人すべてと「タマゴの関係」を作り上げていくことは無理です。八方美人になって「タマゴ」を増やせばいいというものではありません。

人を裏切らない絶対の信頼関係があり、互いにその信頼関係を確認し合い、人間関係をより深め、仲間を大切にしていくのが「タマゴの関係」です。1つでも2つでもしっかりタマゴの「殻」の中に入っていくことができれば、それはすばらしいことだと思います。

図 10　「義の面子」

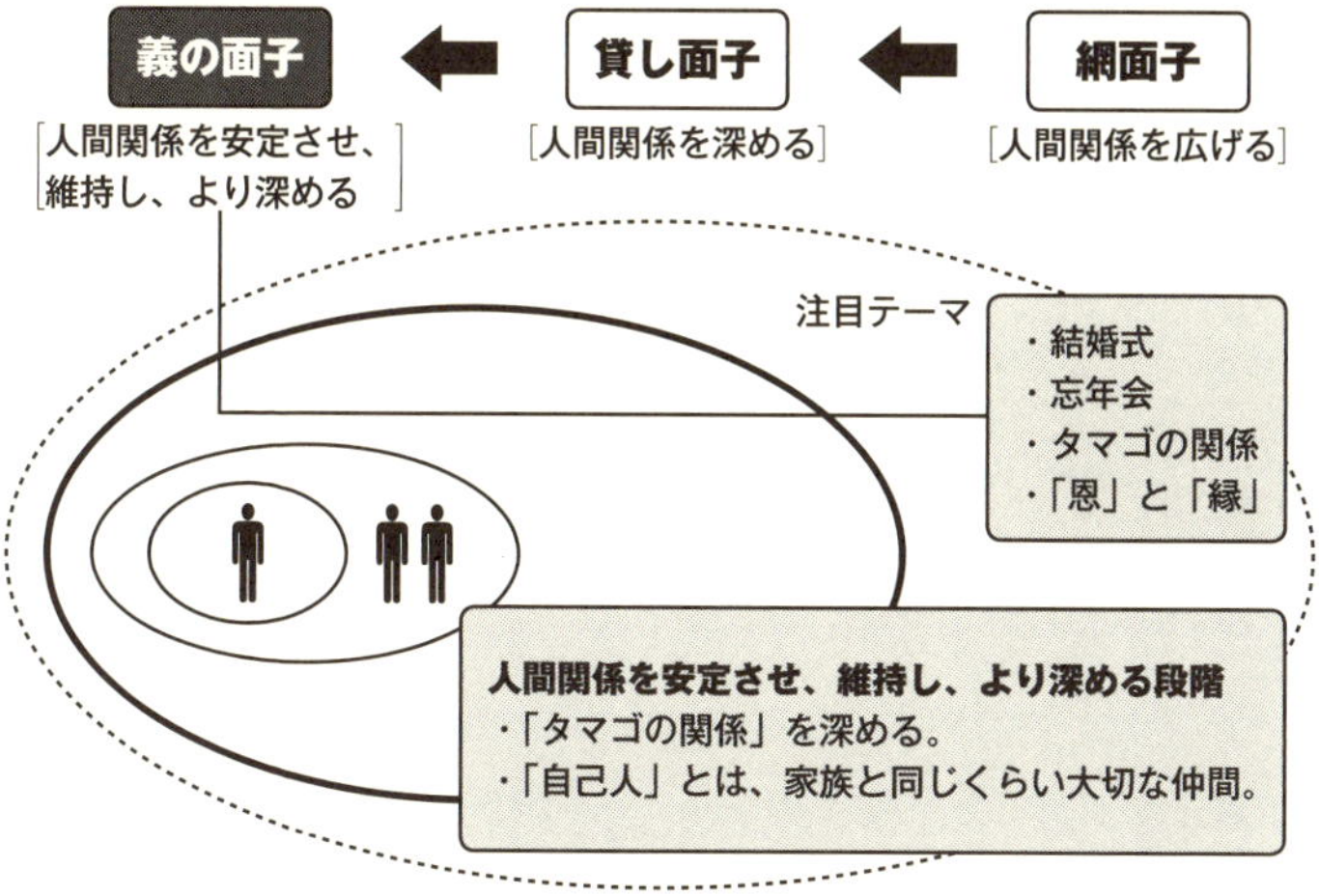
義の面子
貸し面子
網面子
[人間関係を安定させ、維持し、より深める]
[人間関係を深める]
[人間関係を広げる]
注目テーマ
・結婚式
・忘年会
・タマゴの関係
・「恩」と「縁」
人間関係を安定させ、維持し、より深める段階
・「タマゴの関係」を深める。
・「自己人」とは、家族と同じくらい大切な仲間。

しかし、「タマゴ」の内側に入り込み、「自己人」の仲間と認めてもらうためにはたいへんな労力と時間を要します。また、接近するときは「タマゴ」までの距離感を見極めるアンテナも必要ですし、いま自分がどの立ち位置にいるか、自分のポジションを自分自身で確認するセンサーも必要です。

食事に行ったり、お酒を飲みに行ったり、相手の家族とのつきあいもあります。時には頼まれごとをされたり、時には無理難題を持ちかけられたり、本気で彼らとつきあっていくのはけっこうたいへんなことです。信頼関係の構築には時間もかかり、エネルギーが必要です。

逆に、中途半端なつきあい方だと、相手もあなたをタマゴの「殻」の中に入れてくれないでしょう。人間関係を深めていくべき相手を見極めて、じっくりタマゴの関係を作っていくことが肝心です。「タマゴの関係」は多ければ多いほうがよいというわけではありません。

こうしてタマゴの中に入ると、家族と同じくらい大切な友人として扱ってくれるようになります。困ったときはお互いを助け合う仲間、時には自分を犠牲にしてまでも仲間を助けるのが「義の面子」の段階です。

この章では、「義の面子」の段階でよりいっそう人間関係を深めていく方法として、結婚式、忘年会など、タマゴの関係を意識した中国人とのつきあい方を紹介します。

【ポイント】「義の面子」４つのキーワード

・結婚式……人間関係を深める絶好の機会、「紅包《ホンバオ》」を持って遠慮なく参加しよう。
・忘年会……会社の業績や経営者の人柄を確認し、取引先担当者と人間関係を深める絶好の機会。
・タマゴの関係……固い絆で結ばれた仲間、家族と同じくらい大切な友人をめざす。
・「感恩不尽」の心……「恩」を大切にする心、「縁」に感謝する心、「タマゴの関係」の絆。

結婚式　その１
日本とは異なる、中国流結婚式３つの不思議ポイント

「何人来るのかわからない」「プログラムがない」「開始と終了時間がわからない」

みなさんは中国で結婚式の披露宴に出席したことがあるでしょうか？

ここでは中国の披露宴で、私が感じた「３つの不思議」を紹介します。

まず、第１のポイントは、「披露宴に何人来るかわからない」という不思議です。

中国では、大まかな人数は把握するものの、披露宴に参加する人の数を事前に正確に確認したりしません。つまり、披露宴に何人来るか、当日になってみないとわからないのです。およその見当をつけて席を準備しますが、最終的なテーブルの数と料理はその場で調整します。

その点、中華料理は便利です。10～20人単位で席を増やしたり減らしたり、調整することができます。料理もテーブル単位で準備しますから、多少の増減は対応可能です。披露宴の会場で、大きな円卓をごろごろと転がしてきて、テーブルを増やしたり減らしたりする様子を何度も見たことがあります。

日本では、事前に出席可能かどうかを確認して、出席できる人だけに正式な披露宴の招待状

を送ります。参加が前提ですから、当日に欠席することはあり得ません。欠席はたいへん失礼なことです。誰にどの席に誰に座ってもらうか、席順も決めておきます。もちろん、当日、飛び入りで参加することなどあり得ません。しかし、中国の結婚式は、果たしてどれくらいの人が集まるか、その当日になってみないとわからないのです。時には予定した人が来なかったり、来る予定のない人がお祝いに駆けつけてくれたりすることもあります。「紅包《ホンバオ》」といってご祝儀を準備して、「おめでとう」という結婚を祝福する気持ちがあれば、誰でも歓迎してくれるのが中国流の結婚式です。

第2のポイントは、「披露宴のプログラムが決まっていない」という不思議です。

日本の結婚式はプログラム通りに進みます。仲人さんから式の報告があり、来賓の挨拶があり、友人代表の挨拶、ウェディングケーキの入刀、キャンドルサービスなど、プログラムが分刻みで決まっています。カラオケで歌う親戚のおじさんも余興をやる友人も予め順番が決まっています。飛び入りやハプニングさえも予定されています。そして、最後は花束贈呈と親族代表の挨拶。司会進行役はストップウォッチを持って時間通りにプログラムを進めるのが日本流です。

中国の結婚式では、参加者が自由に食事を楽しみ、テーブルごとにお酒と歓談で盛り上がります。新郎新婦がそのテーブルを回って挨拶をします。結婚の祝福を受けるためです。新郎は祝福に集まったみんなから「乾杯攻撃」を受け、その日は徹底的に飲まされるのです。

式の報告や来賓の挨拶がある場合もありますが、日本のように分単位でスケジュールが管理されているわけではありません。大いに食べて大いに飲んで、それぞれが自分流で新郎新婦にお祝いの言葉を伝えるのが中国流の結婚式です。新郎新婦がお酒を注いで回ると、あちこちのテーブルでハプニングが起こります。新郎は生涯で一番お酒を飲まされる日になるでしょう。

そして、３つ目のポイントは、「披露宴が何時に始まって、何時に終わるかわからない」という不思議です。

たとえば、招待状に「披露宴7時から」とあっても、恐らくこの披露宴は7時には始まらないでしょう。律儀な日本人は5分前には会場に着席して開始を待ちますが、会場を見渡すと来ている人はまばらです。7時10分になってパラパラ、20分ぐらいにぼちぼち。7時半になってやっと席が埋まり始め、そろそろ開始というところでしょうか。

中国人の部下の結婚式に日本から参加した社長がこんな様子に戸惑ってしまったことがありました。「開始時間を間違ったかな？」と早く到着して誰もいない会場に戸惑い、「どうしんたんだ。みんな遅刻じゃないか」と時間になってもなかなか始まらない様子に戸惑い、最後は時間が過ぎても始まらない披露宴に「いったいどうなっているんだ」と怒り出してしまいました。

この社長は中国人の結婚式に出席するのは初めてだったのです。無理もないことです。分単位でプログラムが進む日本の披露宴と比べるとまったく理解できないことです。

終了時間も同じです。親族の挨拶も司会のお開きの言葉もありません。飲んで食べて、お腹いっぱいになった人から1人ひとり帰っていきます。あえて言えば、新郎新婦が入り口にキャンデーの籠を持って立ったときが終了の合図です。2人は帰る人たちにキャンデーやタバコを配って見送ります。

これらは、あくまでも私が経験した中国の結婚式の様子です。地域によって、世代によって結婚式の形はだいぶ違います。「私が経験した結婚式は違う」という方もいるかもしれません。しかし、ここでお伝えしたいポイントは、もし、みなさんの中国人の同僚や部下、取引先で結婚式の話があったら、ぜひ積極的に参加してみてくださいということです。家族や友人が集まる結婚式は「タマゴの関係」を深める絶好の機会です。遠慮せずに参加してみること。これがお伝えしたいしたいポイントです。

【ポイント】中国流「披露宴」3つの不思議

・何人来るかわからない。参加者を事前に確認しない。席順を決めない。
・自由に飲んで食べる。日本のように分刻みで進むプログラムはない。
・開始時間と終了時間がわからない。時間通りに始まらない。参加者が帰る時間もまちまち。

結婚式　その2
中国人の結婚式にはぜひ参加するべし

結婚式は「タマゴの関係」を深めるのに最適の機会

「私は知らない人の結婚式に出たことがありますよ」と言うと、みなさんびっくりされます。もちろん、知らない人といっても、通りがかりの見ず知らずの人の結婚式にいきなり参加するわけではありません。友人の兄弟やお世話になった方の家族や親戚などです。まったく知らない人ではありませんが、披露宴の席上で「はじめまして」と「おめでとうございます」という挨拶を同時にすることになります。心から結婚を祝福する気持ちを伝えると、「はじめまして」の私でも大歓迎してくれます。こういう懐の深いところが中国人らしいところです。

もし、あなたが中国で結婚式や披露宴に誘われたら、迷わず出席してみてください。中国人の親しい友人だけでなく、同僚や部下、取引先の担当者や仕事でおつきあいがある方など、招待の誘いに応じて積極的に参加してみるべきです。

もし、結婚するのが同僚や部下など本人ではなく、その家族や親戚でも参加することをお勧めします。遠慮せずに、積極的に参加してみましょう。なぜなら、結婚式は友人やその家族との人間関係を深める絶好の機会だからです。

あなたを結婚式に誘ってくれるということは、あなたは「家族と同じくらい大切な仲間」にかなり近づきつつあります。「家族と同じくらい大切な仲間」が「自己人」の仲間です。結婚式は人間関係を深め、「タマゴ」の中に入っていく絶好の機会なのです。

披露宴では友人の家族と話すチャンスができます。親族のテーブルにお酒を注ぎに行くと、友人の両親が笑顔で迎えてくれます。「恭禧恭禧《ゴンシーゴンシー》」（おめでとうございます）とお酒を注いで、その場で「乾杯」の杯を交わします。お祝いに駆けつけた私を大歓迎してくれるのです。

彼の仕事ぶりを彼の両親に話してあげると、それだけでもあなたと彼との絆や家族との関係が深まります。「こんど家に遊びにいらっしゃい」と彼の両親から誘いの言葉があったり、普段とは違う両親の素顔を見ることができたり、ご両親やご家族のみなさんと一気に親交を深める機会になります。

また、友人を祝福するために集まる彼の友達と知り合うきっかけにもなります。学生時代の旧友、仕事の仲間、趣味の仲間など、気の合った仲間がたくさん集まっているはずです。取引先や懇意にしている仕事先など、彼のネットワークの広さを再確認することもできます。結婚式は人間関係を広げる絶好の機会なのです。

仲がいい友人の誘いでまったく知らない人の披露宴に参加したこともあります。新郎は友人の友人のそのまた友人です。もちろん新郎も新婦も披露宴で会うのが初めてです。日本では考えられないことでしょう。披露宴ではそんな私でも新郎は温かく笑顔で迎えてくれました。

留学時代、それから駐在時代、私は結婚式の誘いはできるだけ断らずに出席するようにしていました。今も同じです。日本に帰国してからは友人の結婚式にすべて出席するというわけにはいかなくなりましたが、スケジュールさえ許せば、なるべく現地に出向くか、または結婚祝いのプレゼントを届けるようにしています。

こうして人間関係を深めていくことが「義の面子」を育てていく近道になります。「義の面子」とは、家族と同じくらい大切な友人と認めてもらうことです。「結婚式」はそのきっかけを作る絶好の機会の1つなのです。

【ポイント】結婚式には、迷わず参加しよう
・両親や家族と知り合う絶好の機会、「タマゴの関係」を深める絶好の機会。
・結婚式で彼の会社での仕事ぶりを家族や友人に話すことでより信頼関係が深まる。
・彼の交友関係を知ることができる。彼の「ネットワーク力」がわかる。

忘年会　その1
「忘年会」への参加は情報収集や関係強化の絶好の機会
春節は人間関係の棚卸しの時期

ここで「義の面子」を深めるもう1つの実践テクニックを紹介しましょう。

結婚式の次は忘年会です。「忘年会に参加しよう」という方法です。もし、取引先や仕事でおつきあいがある会社から忘年会の誘いがあったら、迷わずに参加してみてください。取引先の経営者や担当者との人間関係を確かめる機会でもあります。

中国ではお正月を旧暦で祝います。これが春節です。一般的には1月下旬から2月中旬前後です。中国の忘年会はこの春節の前に行われます。つまり、年明けの1月中旬から下旬が中国の忘年会のシーズンなのです。

中国の忘年会は部署ごとにグループで行うのではなく、会社単位で盛大に行われることが多いようです。「社員全員の1年間の労をねぎらうために社長自らが企画して実施するイベント」が中国の忘年会です。参加者が割り勘で費用を負担したり、会費制で実施されるのではなく、食事会の費用は会社が負担します。

一方、日本の場合はどうでしょうか。部署ごとに集まって行うことが一般的ではないでしょうか。会社や上司から多少のカンパがあったとしても、基本的には会費制でやるか、「割り勘」にするのが一般的です。

しかし、中国の忘年会とは、会社が企画して社員の1年間の労をねぎらう食事会です。会費制で社員が費用を負担するのではなく、会社が費用を負担し、会社によっては社長のポケットマネーというケースもあります。基本的に忘年会は全員参加です。会社が企画して社員全員を招待するのが中国の忘年会なのです。

もちろん、会社の規模によって、全員参加型か部署ごとに実施するかは違いがあります。市の体育館や公会堂を貸し切りにして何百人も集めて忘年会を実施する企業もあれば、街中のレストランで40人ぐらいの人数でやるところもあります。会社によって規模や実施形態も違いますが、会社が社員全員の労をねぎらうための食事会という点では同じです。

実は、この忘年会も人間関係を深める絶好の機会なのです。

中国ではこの忘年会に取引先を招待するケースがあります。ぜひ、ここに積極的に参加してみましょう。もしも、参加が可能であれば、積極的に手を挙げて、担当者を通じて取引先の忘年会に乗り込んで行ってみましょう。

忘年会に参加すると、会社の内部の様子が実によくわかります。会社の業績や社内の雰囲気、会社の勢いや人間模様が実によくわかります。今年の売上はどうだったか、業績を上げた部門はどこか、部門ごとの責任者同士の人間関係、この責任者と経営者との親密度などなど、外からは見えてこないさまざまな様子を見ることができます。

もっと注意深く観察してみると、テーブルの配置や席順、社長の周りに誰が座っているか、社長が慕われている様子、各部門の責任者の人望など、チェックポイントはいくつもあります。じっくり観察してみると、会社の業績から社内の人間関係までさまざまな様子がわかるのです。

春節の季節は人間関係の棚卸しの時期です。ビジネスは「会社対会社」で進めるものですが、実際のビジネスを現場で動かしているのは「人と人」です。忘年会は、担当者や同じ部署の同僚、さらには経営者とふれあいの機会を持つ絶好の機会です。

ぜひ、「義の面子」を意識しながら、忘年会に積極的に参加してみてください。

【ポイント】中国式の「忘年会」とは

・会社が社員全員の1年間の労をねぎらうために行う食事会。
・会費制ではなく、費用は会社持ち（時には社長のポケットマネー）で行なわれる。
・取引先の担当者を招待することもある。「紅包《ホンバオ》」持参でぜひ参加してみよう。

忘年会その2
春節は転職、人事異動のシーズン

「会社対会社」だけではなく、「個人対個人」の関係も深められる

「忘年会は年に1回取引先との信頼関係を確認する絶好の機会」と日本の大手商社に勤務する松井氏（仮名）は言います。彼は、毎年忘年会の時期にわざわざ中国出張を入れるそうです。

「謝さん、今年も忘年会に招いてくれてありがとう」と松井氏。

「どういたしまして。わざわざ来てくれて弊社の社長も喜んでいます」と謝さん。

「ところで、謝さんにとって今年1年はどんな年でした？」と世間話。

「はい。目標をクリアすることができましたし、会社の業績もまずまずでした」と謝さん。

こうした何気ない世間話が大切です。業務のことだけでなく、忘年会というリラックスした席で、お酒を飲みながらゆっくりいろいろな話が聞ける絶好の機会です。

しばらくすると、中国側の社長が松井氏のところに挨拶に来ます。

「松井さん、お久しぶりです。忘年会にご参加、ありがとうございます」と社長。

「こちらこそお招きありがとうございます」と松井氏もお礼の言葉を述べます。

「謝の仕事ぶりはどうですか？　ご迷惑をおかけしていませんか」と社長。

「はい。たいへんしっかり窓口をしていただいています」と松井氏は謝さんを褒めます。

ここで謝さんの「面子」を潰してはいけません。謝さんの長所を褒めて、２人がうまくやっていることを強調したいところです。

社長がテーブルを去った後、もう1つチェックポイント。実は春節の時期は転職のシーズンでもあります。中国ではたいてい12月から年明けにかけて人事評価（人事査定）があり、春節前にボーナスが支給されます。お正月休暇の前が忘年会のシーズンでもあるわけですが、春節を機に転職を考える人も少なくありません。

つまり、ボーナスをもらって忘年会が終わると、会社に辞表を出して会社を辞めるわけです。「心機一転」、正月休み明けは転職先の新しい会社へ出社するという人もいます。春節の前後は人が動く時期、転職者が増える時期でもあるわけです。

「謝さんはしばらく会社を辞めないよね」と松井氏は謝さんにさり気なく問いかけをします。

「もちろんですよ」と彼は答えますが、ちょっと元気がありません。

会社に不満があるか、転職を考えていないか、何か悩みを抱えていないか、もしかしたら独立を考えているか、さり気なく問いかけをします。「何かあったらいつでも相談に乗るよ」という姿勢を伝えるのが大切なポイントです。春節の時期が重要なのは、担当者との関係を深めることですが、その担当者が転職してしまうという可能性もあるからです。

「松井さん、心配しないでください。すぐには会社を辞めないですから」と謝さん。

「何か悩みがあったら何でも相談してください」と松井氏。しかし、「すぐには」という言葉が気になります。

「独立するときには真っ先に松井さんに相談しますよ。いっしょにもっと大きな仕事をしましょう」とこの後、謝さんのホンネを聞くことができました。

仕事があるから友人になるのではなく、まず友人になって2人で仕事を探し出す。これが中国人の考え方です。「会社対会社」ではなく、「個人対個人」の信頼関係に持ち込むことが中国人とうまくつきあうポイントです。松井氏と謝さんの関係はかなり「義の面子」の関係に近づいているようです。春節は信頼関係を検証する時期でもあります。

【ポイント】「春節」は転職のシーズン
・人事査定、ボーナス、忘年会を経て「春節」（お正月）を迎える。
・会社を辞める人は正月休暇の前に辞表を出して退職。正月休暇後は転職先へ。
・「忘年会」で会社の業績チェック、転職しそうな担当者をチェック。

「義の面子」で一気にネットワークを広げる秘策

「義の面子」で友達を集めさせて、食事会を企画する

次に「義の面子」をうまく活用して、ネットワークを一気に広げるための秘策です。

「林さん、お勧めのレストランはどこですか？」とまずはグルメ談義から始めます。

「中華ですか？　日本料理ですか？」と林さんから。

「どちらでも、林さん一推しのお勧めレストランを教えてください」ともう一度。

「そうですね。私がぜひお勧めしたいのは……」と彼はグルメの面子を総動員して、お店の紹介を始めるはずです。

ここでのポイントは、彼にとっての「最高」を引き出すことです。彼に一推しのレストランを選んでもらいます。林さんは自分の「面子」に賭けてレストランを選び、あなたに紹介するはずです。

たとえば、林さんのお勧めが天津路の新光酒家だとします。

そして、作戦は第2段階に入ります。

「林さん、今度新光酒家へ『上海ガニ』を食べに行きましょう」と彼を食事に誘います。「費用はもちろん私が持ちます。林さんはあなたの大切な友人を集めてください。みなさんにご馳走します」と彼を誘います。

ここのポイントは「林さんの大切な友人」です。単なる友人ではなく、林さんにとって家族と同じくらい大切な仲間を集めてもらうことがポイントです。つまり、これは林さんの「タマゴの関係」に自分も加わることができるかどうか、そのきっかけ作りの1つです。

林さんがどんな仲間に声をかけるか、林さんがどんな仲間を連れてくるか、これがあなたと林さんとの人間関係を試す1つのバロメーターとなります。「義の面子」の仲間を連れ出してくるか、中途半端な友人にしか声をかけないか、林さんがあなたをどう見ているか、これで林さんの「ホンキ度」を試すことができるのです。

林さんが本気を出して、「義の面子」の仲間を集めてくれたら、あなたはこの食事会で一気に人間関係を広げることができます。林さんが「義の面子」を使って本気で集めてきた仲間達です。あなたにとっても大切な仲間になることは間違いありません。

もし、たいした仲間が集まらなかったら、それは林さんがまだあなたに「義の面子」を使っていない証拠です。または、そもそも林さんに対する期待が買いかぶりだったのかもしれません。どちらにしてもあなた自身が反省しなければならないポイントです。

林さんがどんな仲間を集めてくれるかどうかは、２人の人間関係の「指標」になります。一気に関係が深まるか、期待はずれで関係が後戻りしてしまうか、彼の「義の面子」の使い方を見ながら、２人の関係をもう一度見極めたいところです。

むしろ、相手を本気にさせられるかどうかは、あなたの「義の面子」の使い方次第かもしれません。逆に、あなたのほうで集めたメンバーの食事会に林さんを誘ってみることもよいでしょう。これであなたの「ホンキ度」を林さんに見せることができるのです。

こうして食事会を行ったり、ご馳走してあげたり、ご馳走してもらったり、網面子で広げたネットワークを貸し借りを繰り返しながら少しずつ「義の面子」を使って「タマゴの関係」を仕上げていくわけです。

【ポイント】「義の面子」で「タマゴの関係」を一気に広げる

- 「義の面子」でどんな友人を集めるか、彼のホンキ度が確認できる。
- 「義の面子」を使ってどんな友人が集まるか、彼のネットワークを確認する。
- 「タマゴの関係」とは固い絆、深い信頼関係で結ばれた仲間、同じ志を持つ仲間。

「感恩不尽」の心　その１
「義の面子」で助けた恩は一生忘れない

「仕事があるから友人になる」のではなく、「友人になって仕事を探す」のが中国流

このエピソードは、「義の面子」で助けた「恩」はいつまでも忘れないという事例です。

葛さん（仮名）は以前の同僚です。当時、同じプロジェクトに取り組んでいて、日本側サイドで彼のプロジェクトを支援するのが私の役割でした。クライアントは日本企業です。

ある日、取引先とトラブルが発生し、彼は責任者としてそのフォローに当たっていました。トラブル処理のために彼は急遽東京にやって来ることになり、私は成田空港まで迎えに行きました。東京に向かうクルマの中でさっそくトラブル処理の打ち合わせを始め、私は彼を全力でサポートし、何とか彼にこの難局を切り抜けて欲しいと思いました。

その日は事務所の近くの幡ヶ谷のラーメン屋で夜遅くまで話し合いをしました。現状分析、対策案の検討、翌日のプレゼンの準備、説明内容の再チェックと、打ち合わせは夜中まで続きました。結局、私は彼のホテルに泊まりこみ、徹夜で翌日のプレゼンの準備をしました。

そして、翌日、２人でクライアントのところへ出向き、彼は渾身のプレゼンをしました。私

は通訳として全力で彼をサポートし、クライアントの表情を見ながら、日本側が聞きやすい言葉を選んで彼のプレゼンを補足しました。

結果的に、彼の熱意が先方に伝わり、問題点は解消されました。彼の頑張りは報われる結果となり、さらにもう一歩踏み込んだ彼の提案も採用されました。彼の熱意と頑張りがプラスアルファの結果を生んだわけです。

事務所に戻ってから、昨日のラーメン屋へ行き、2人で祝杯を挙げました。行列ができるほどの店ではありませんが、近所では有名なうまいラーメン屋です。彼はプレゼンを無事に乗り切ったことがよほど嬉しかったのでしょう。「ありがとう、ありがとう」と何度も感謝の言葉を繰り返しました。そして、その度に「乾杯」を繰り返し、結局その晩もそのラーメン屋で夜中まで彼につきあうことになりました。

仕上げにラーメンを食べて、お勘定を私が済ませ、彼をタクシーでホテルに送り届けました。彼は「ありがとう。ありがとう。ご馳走様」と言ってタクシーを降り、私はそのタクシーで自宅に戻りました。

その後、しばらくして彼は転職し、日本に来る機会はほとんどなくなりましたが、今でも連絡をとりあっています。だいぶ忙しいようで、彼に会うのは今は年に一度ぐらいですが、大切な「タマゴの関係」の1人です。

しかし、会うたびに「またいっしょに何か仕事したいね」というのがお互いの口癖です。「仕事があるから友人になる」のではなく、「友人になって仕事を探す」のが中国人的な考え方です。「いっしょに仕事を作り出す」のが本当の友人であると中国人は考えます。

先日、北京に出張したとき、久しぶりに葛さんに会いました。葛さんが彼の仲間を集めて、食事会を企画してくれました。自分が持っている人脈を惜しげもなく提供してくれるところが彼の頼もしいところです。その日もたくさんの友人が集まり、楽しい食事会になりました。

しかし、ちょっと気になったことも。彼が私を仲間達に紹介するときのことです。「みなさん、ご紹介します。幡ヶ谷のラーメン屋の吉村さんです」と言って彼は私をみんなに紹介します。

幡ヶ谷のラーメン屋で作戦会議を開き、2人で修羅場を潜り抜けたエピソードを彼は仲間達に披露するのです。彼はそのときのエピソードをまるで「三国志」に登場する英雄を語るような調子でみんなに話します。ほんの4～5分のスピーチですが、これで好むと好まざるとに関わらず、私はこの食事会の席で彼のヒーローに仕立て上げられます。

彼は2人の絆の強さを説明し、話が終わると食事会のメンバーから拍手喝采を浴びます。「あのときのラーメンの味は生涯忘れない」と言うのが彼の結びの言葉です。それはそれでたいへん光栄なことですが、そのときの私はいつも「幡ヶ谷のラーメン屋の吉村さん」なのです。

「こんなことなら銀座の寿司屋にでも連れていけばよかったな」

後悔先に立たず。そうすれば私の「義の面子」は、同じ「義の面子」でも星が3つくらい増えたのかもしれません。

今度、彼が日本にやってくるとき、銀座の寿司屋に連れて行こうと考えています。しかし、たとえそうしても、彼が仲間達に私を紹介するときは、これからもずっと「幡ヶ谷のラーメン屋の吉村さん」なのでしょうね。

【ポイント】「感恩不尽」の心（恩をいつまでも忘れない心）

・「恩」を大切にする心、「貸し」と「借り」をいつまでも大切にする心。
・人の「縁」、出会いを大切にする心。
・いつまでも変わらない友人として接する気持ち、「タマゴの関係」の絆。

「感恩不尽」の心　その２ 人脈のメンテナンスは怠らないように

常に「タマゴの関係」を見つめ直すことの重要性

「お前が留学したときの保証人だった詹《せん》さんは元気にしているか？」と帰省したときに突然父が言い出しました。前作『すぐに役立つ中国人とうまくつきあう実践テクニック』にも登場した、勤続37年、会社一筋で働いてきた父です。出世して偉くなったわけではありませんが、自分の仕事に誇りを持って、ただ人生をまっすぐ生きた会社人間です。

父は『週刊新潮』の愛読者です。毎週欠かさず買っています。近くのコンビニまでとぼとぼと週刊誌を買いに行くのが日課です。88歳という高齢の父です。母に言わせると、コンビニまで歩いていくことがとてもいい運動とボケ防止（？）になっているそうです。笑いながら話す母の言葉に、父は「馬鹿にするんじゃない」とホンキで眉間に皺を寄せます。最近では高齢の父の散歩に母が必ずニコニコ付き添っていくそうです。

息子は最近その『週刊新潮』の記者ともおつきあいさせてもらっています。父はその私のコメントが登場した雑誌や新聞の記事をマメに集めてスクラップしています。

「雑誌の方に迷惑をかけていないだろうな……」と眉間に皺を寄せた父の小言。

「大丈夫だよ。情報交換したり、取材に協力してあげたり、いい関係だよ」と父に説明。いくつになっても息子は息子。「人様のご迷惑になることはするんじゃないぞ」が父の口癖です。

「ところで、詹さんは元気にしているのか？」と再び父の言葉。詹さんとは、留学時代の私の保証人です。

「実は最近はだいぶご無沙汰で、だいぶ会っていないんだ」と答えると、また父の小言。

「お世話になった人なんだから、たまには挨拶に行きなさい」という主旨の話を長々と10分ぐらい聞かされます。高齢の父です。「はい、はい」と頷いて聞くことにしています。

しかし、話していることはもっともです。

「詹さん、最近はどうしているかな」と急に懐かしくなりました。

詹さんの子供たちが中学生だったころ、家族4人で日本にやって来て、みんなで温泉旅行に行ったことがありました。もちろん私の父や母もいっしょです。とても楽しい思い出の旅になりました。

「最近はどうしているかな？　次の出張で時間を作ってご自宅に挨拶に行こうかな」

そんなことを考えて出張に出かけたときのことです。

実は、そのときの出張もたくさんの仕事の処理に追われ、事前にとても詹さんに連絡する余裕などないまま出発の日となり、出張中もハードスケジュールをこなすことが精一杯でした。

ところが、帰国の前々日のことです。

繁華街の交差点で信号待ちをしていました。お客さんをホテルに送り届けて、別のお客さんとの夕食会に向かおうとしていたときのことです。

「吉村さーん」と声がして、交差点の向こうから横断歩道を詹さんが駆け寄ってきます。

まったくの偶然です。詹さんの後ろには奥さんとアメリカから帰国している息子さんがついて来ます。本当に偶然の再会でした。言葉にはならないほどの驚きです。

詹さんも交差点の向こう側から私を見つけてさぞ驚いたことでしょう。ちょっと興奮ぎみに駆け寄ってきました。偶然というのは本当に恐ろしいものです。出張先の、繁華街の、交差点の、人混みの中で、こんな偶然が起こり得るものなのでしょうか？　待ち合わせをしたとしても、相手を探すのに一苦労しそうな人混みです。

詹さんは「アメリカから長男が帰国している」「これからみんなでうなぎを食べに行くところ」「お父さんは元気?」「うちの家族はみんな元気」「次男は専門学校を卒業して就職した」というような内容のことを中国語交じりの日本語でせっせと話し始めました。もともと早口ですが、いつもよりもっと早口の詹さんでした。

「いっしょにうなぎを食べに行きましょう」と半ば強引に誘われました。

「これからお客さんと夕食会があります。あまり時間がないので」という話は彼には通じず、強制的に連行されて、しばらく「うなぎ屋」に拉致されました。

「お茶だけご馳走になります」と覚悟を決めて席に着き、15分ぐらい時間を作りました。

「お父さんお元気ですか？　今は仕事していますか？」と彼はまだ興奮のほとぼりが冷めない様子です。

「お蔭様で元気です。今は悠悠自適の年金生活ですよ」と私が答えると彼は嬉しそうに頷きました。

学生のころ、詹さん家族にはたいへんお世話になりました。スチール加工の工務店を経営している社長さんです。奥さんが経理を担当し、職人さんをたくさん使って仕事をしています。年は私よりひと回りぐらい上です。ご夫婦とも日本語ができるので、主に日系企業の下請けの仕事をしています。時にはボランティアで詹さんのお仕事をお手伝いしたり、時にはバイト代をいただいて通訳のお手伝いをしたこともありました。

週末はたいてい自宅に呼んでいただき、奥さんの手料理をご馳走になりました。当時、中学生だった2人の息子さんと家族全員で夕食をしました。地区の音楽サークルや太極拳のサークルの仲間に入れてもらって、いっしょに活動したりもしました。

当時、私は貧乏学生だったので、コインランドリー代の節約のため、洗濯機を貸してもらったりもしました。家族や親戚の集まるにぎやかな食事会にもよく誘ってもらいました。私が日本に帰国するときは、サークルの仲間が集まって送別会をやってくれました。私にとって詹さんご家族は大切な「タマゴの関係」の1つです。

前作の『すぐに役立つ中国人とうまくつきあう実践テクニック』の執筆では自分にとっての「タマゴの関係」を、改めて自分自身で見つめ直すよい機会になりました。自分は「義の面子」を本当に大切にしているか？　実は、肝心の自分自身がもっと「タマゴの関係」を再確認しなければならないことに気づいたわけです。「感恩不尽」の心、改めて人の「恩」の温かさを感じました。感謝の気持ちを忘れてはいけないと思い知らされました。ご無沙汰を重ねていた自分が恥ずかしくなりました。詹さん一家は昔の友人を大切にしてくれるいつまでも温かいご家族です。

「いっしょにうなぎを食べましょう。ご馳走します」という詹さんに、

「改めて時間を作ります。今度はゆっくり食事をしましょう」とうなぎ屋を後にしました。

「お父さんによろしく」と詹さん。

もちろん帰国してすぐに父に詹さんに会ったことを話しました。

「またいつでも洗濯機を使いにおいで」と奥さん。

返す言葉が見つからず、ただ感謝の一念だけでした。

中国人に軽々しく「面子を立ててやる」と言ってはいけない

いちいち「面子」を口に出さなくても互いにわかりあうのが本当の「義の面子」

「温さん、これはちょっと無理なお願いですみませんが、ここは何とか僕の面子を立てて、何とか温さんの顔で話を通してくださいよ」という井上氏（仮名）の発言です。

温さん（仮名）と井上氏はけっこう親しい関係です。仕事上のつきあいで同じプロジェクトをいくつかこなしてきました。その都度、時には借りを作り、時には借りを返して貸しを作り、貸しと借りをつないで助け合ってやってきた友人です。2人はお互い信頼関係もあり、いい関係です。

「温さんが何とか頑張ってくれたら、僕も社内で面子が保てますよ。ここは僕の顔を立てて、温さんの面子を使って、何とかお願いしますよ」と井上氏。

2人はとてもいい関係であることには違いないのですが、しかし、ここで注意しなければならないことがあります。「温さんの顔で……」とか、「僕の面子のため……」という言い方です。

仮に、2人が貸し借りをつなぎ、これまでしっかりと関係を深めてきた間柄であったとして

僕の面子を立ててよ
あなたの面子を立ててあげるよ

中国人に対して軽々しく「面子」を口にするのは避けるべきである。

も、「面子を立てる」「面子を保つ」という言葉を簡単に口にすることは避けるべきです。

「面子」はもっともっと重いものです。軽々しく「僕の面子を立てて……」「僕の面子が保てる」といった言葉を口にするべきではありません。

本当に2人が「義の面子」の段階であれば、井上氏がいちいち口にしなくても温さんはわかっているはずです。逆に、温さんは井上氏が「面子、面子」と何度も口にすることに違和感を持つはずです。黙っていても温さんは支援してくれるのです。

また、逆のケースでこんな「面子」の使い方も間違いです。

「井上さん、今回の件、ぜひよろしくお願いします」と、今度は温さんが井上さんにお願いします。

「わかりました。温さんの頼みじゃ、仕方ないですね。温さんの面子を立てて、ひと肌脱ぎましょう。温さんも社内で面子がありますよね。僕に任せておいてください。ここで温さんの面子を潰したりはしませんよ。僕が何とかしましょう」と井上氏。

ここでも「面子」のお仕着せになっています。何度も「面子、面子」と言い過ぎなのです。そんなことを井上氏が言わなくても、温さんはわかっているはずです。井上氏は「面子」を安売りし過ぎなのです。

相手の面子を立てたり、自分の面子をかけて手伝ったり、そんな場面で中国人は「面子」という言葉を使いません。それが「あたりまえ」だからです。

「今回は温さんの面子を立てて手伝おう。でも、次に僕が困ったことがあったら、次は僕も面子も立てて手伝ってね」

これでは関係が深まるどころか、逆に白けてしまします。「面子」という言葉が持つ意味はもっともっと重いものです。本当に信頼関係ができていれば、いちいち「面子」と口に出さなくてもお互いわかっているはずです。

こんな場面で、あなたの「面子」の使い方、間違っていませんか？

「面子」、「面子」と言ってはいけないのです。ぜひ自己チェックをしてみてください。

相手に恥をかかせない、自分も恥をかきたくないという気持ち。絶対に仲間を裏切らない、逆に裏切った仲間を許さないという気持ち。中国人は人間関係をつなぐ基本に「面子」を置き、独特なコミュニティを形作っているのです。

「面子」を理解することが、中国人を理解する近道です。「面子」を制する者が中国ビジネスを制すると言ってもいいでしょう。

「網面子」「貸し面子」「義の面子」という3つの面子について説明してきました。

これら3つの面子を見分けられるように、あなた自身で意識し、あなた自身のアンテナの感度を磨いてください。

【ポイント】「面子」のまとめと注意点

・相手に「あなたの面子を立ててあげる」という言い方は禁句。
・相手に「ここは私の面子を立てて欲しい」という言い方も禁句。
・「面子」という言葉を使って相手に迫らないこと。相手に恩を着せないこと。

■知っておくと役立つ「お酒の席」の豆知識⑤

〈絶対にやってはいけないNG集〉

・酔い潰れてテーブルに突っ伏したり床に座り込んでしまう。

・酔って裸になったり、女性をからかうなどの破廉恥な行為をする。

・酔ってホスト側になれなれしい口をきいたりする。

※中国では「無礼講」はない。「酔っ払いだから仕方ない」は通用しない。酔って醜態をさらしたり、失礼な行為を行うのはたいへん軽蔑される行為。

第5章

「面子」を活用した
中国ビジネス成功のテクニック

「タマゴ」までの距離を測るアンテナ、人を見極めるアンテナ

3つの「面子」を見分けて、よい中国人を見つけ出すために

「面子」を理解することは中国人を理解する上でとても大切なポイントです。そこで本書では、中国人の「面子」を「網面子」「貸し面子」「義の面子」に分類して注意ポイントをわかりやすく解説してきました。

そして、次にみなさんが準備しなければいけないのは、中国人とうまくつきあっていくためのアンテナです。よい中国人を見つけ出すアンテナと言ってもいいでしょう。ここでは４つのポイントにまとめてみました。

第1に、「タマゴ」までの距離感を見極めるアンテナです。「タマゴ」までどのくらいの距離があるか、いま自分がどの立ち位置にいるかを自分自身で確認するアンテナです。

第2に、「網面子」を見分けるアンテナです。「見得切り型」はホンモノで「見栄張り型」は要注意です。「見栄張り型」を見破り、なるべく遠ざけて、ホンモノの「網面子」をなるべくたくさん見つけ出したいところです。比較的わかりやすいチェックポイントは、人脈の面子、

物知り面子、グルメの面子、持ち物面子の4つです。毎日が「瞬間プチ面接」で相手を嗅ぎ分けることができるようになったら、あなたはもう上級者です。

第3に、「貸し面子」を見分けるアンテナです。「貸し借り型」がホンモノで、「借り切り型」は要注意です。「タマゴ」の関係に接近していくとき、「タマゴ」の中に入っていくとき、このポイントに注意してみましょう。相手が「恥をかきたくない」「恥をかかせたくない」という気持ちでどれだけ親身になって動いてくれているかどうか、これがチェックポイントです。

最後は、「義の面子」のアンテナです。これはしっかりした「タマゴの関係」ができたことを確認するためのアンテナです。この段階になると、あなたを家族と同じくらい大切な友人として迎えてくれているはずです。その中にしっかり入っているかどうか、自分のポジションをしっかり意識してみましょう。

「私はいつもアンテナを磨いていますよ」という友人がいます。

彼は台湾の政府系シンクタンクから派遣され、東京勤務の駐在員でした。ちょうど私が帰国したときに同じオフィスになり、しばらく隣の席同士で仕事をしていました。日本語も堪能で、日本でのビジネスや日本人ビジネスマンをよく理解しているだけでなく、日本文化や日本人の習慣についてもよく理解していました。

実は、「中国人とのつきあいかた」について、私は彼からたくさんのことを学びました。「面子」の大切さも彼といっしょに仕事をしていく中で多くを学び取りました。

「いつかいっしょに何かビジネスをやりたいですね」というのが彼の口癖です。

「そうですね。張さんは将来どんな仕事をしたいんですか？」と質問したことがありました。

シンクタンクに勤務している彼ですから、私は「アナリストを目指す」とか、「研究者になりたい」といった答えを予想していました。

「私は人を感動させる仕事がしたいですね」迷って考えた様子も見せず、彼はこう答えました。

「えっ？　人を感動させる仕事ですか？」と聞き返すと、

「そうです。人を感動させて、元気を与えることができるような仕事がしたいですね」

社内で重要プロジェクトを取り仕切りたいとか、または専門分野で独立したいとか、そんなことを言い出すかなと思っていた私はその期待をまったく裏切られてしまいました。

職種や業種業態、担当業務が何であれ、「人を感動させる仕事がしたい」という彼の一言が今でも強く印象に残っています。とても素敵だなと思いました。

当時の私は駐在から日本に帰国した直後で、日常の業務に追われて自分がこれからどんな仕事をしていきたいかを考える余裕などまったくありませんでした。日々の生活と安定した年収の確保（?）で精一杯だった時期です。私は彼から中国ビジネスのノウハウをたくさん学びましたが、いま思うと、これが彼から学んだ一番の収穫だったかもしれません。

それからずっと人と人との架け橋になること、それが自分の役割ではないかと考えながら仕事をしています。人と人をつなぐ、ビジネスをつなぐ、2つの異文化をつなぐ、これを意識して仕事をするようになりました。中国人とうまくつきあっていくためにはどうしたらいいか、まだ、最後の答えは見つかりませんが、それに向かって「人の心を動かすことができる仕事」を目指したいと考えています。

「いつかいっしょに何かビジネスをやりたいですね」というのが彼の口癖です。「私はいつもアンテナを磨いていますよ」という彼の言葉も忘れられません。

このアンテナはどうやら電波の共鳴をキャッチすることができるようです。いい仲間の周辺にはまたいい仲間が集まってきます。「騙された」「裏切られた」という人はアンテナの張り方をどうやら間違っているのではないでしょうか。

【ポイント】人を見極めるアンテナ

・「タマゴ」までの距離感を見極めるアンテナ。
・ホンモノの見得切り型とニセモノの見栄張り型を見極めるアンテナ。
・ホンモノの貸し借り型とニセモノの借り切り型を見極めるアンテナ。
・いい仲間の周辺にはまたいい仲間が集まる。電波の共鳴をキャッチできるアンテナ。

知らずにかかっていませんか？ ３つの症候群　その１「あの人なら大丈夫」症候群

「相手」ではなく、「相手を信じ切っている自分の気持ち」を疑え

「友人にいい人を紹介してもらったんですよ。彼はすごく顔が広くて、ネットワークを持っている人です。動きもスピーディで本当に感心させられます。これまで課題だった問題も一気に片づいて、中国でのビジネスがこれでやっと何とか前に進みそうです」

青木氏（仮名）は電話の向こうでうれしそうに言っていました。彼とはセミナーが終わった後の懇親会で名刺交換をさせていただきました。彼が進めているビジネスの相談を受け、「異文化理解」という切り口で私なりにアドバイスをさせていただいた方です。中国ビジネスではどんな点に注意したらいいか、また中国人とどううまくつきあったらいいかという点で、私なりにいくつかの注意点をお話ししました。

電話では「いい人を紹介してもらった」とのことで、何とかうまくビジネスが進みそうな様子です。本人もたいへん喜んでいます。新しいネットワークを手に入れて、中国ビジネスに臨む姿勢もこれまで以上に意欲的です。私もほっとして電話を切りました。

しかし、ちょっと気になることがありました。青木氏はこの紹介されたという中国人と果たしてどのくらい親しい関係になれたのでしょうか。知り合ってからまだそんなに時間が経っていないはずです。本当にしっかりした信頼関係が構築できたのでしょうか。

数日後、私はもう一度彼に電話を入れてみました。「本当に大丈夫ですか」ということをそれとなく尋ねると、彼は自信たっぷりにこう答えました。

「大丈夫ですよ。李さんは信頼できる人です。日本語も上手、とても親切です」

「念のため、人物チェックにじっくり時間をかけることをお勧めしますよ」とアドバイスすると、

「李さんは大丈夫です。いっしょに食事をしましたし、本人もこの件は大丈夫だ、私に任せてと言っています。本当に信頼できる人です」と繰り返し言います。

「わかりました。何か問題があったら連絡くださいね」と言って青木氏の判断に任せました。

本当に大丈夫なら問題ありません。気を回しすぎかもしれませんが、ちょっと心配な気もしました。

実は、自分自身に「問題ない」と言い聞かせて、念入りな人物チェックを怠ってしまうケースも少なくありません。やっと巡り会った人に期待を寄せて、「あの人なら大丈夫」と思い込んでしまう人が意外と多いのです。そのようなケースを数多く見てきました。

これを「あの人なら大丈夫」症候群と名づけました。

「本当に大丈夫ですか?」とまた別の角度から注意点をアドバイスしようとすると、「あの人は信頼できる人」「あの人に限って人を裏切ることはない」という思いが強く、相手を信じ切ってしまう人がいます。時には私のアドバイスが余計なお節介扱いされることもあります。

「信じる」のは悪いことではありませんが、信じ過ぎてしまって、ビジネス上でチェックすべきポイントを見失ってしまう人も少なくありません。

「本当に大丈夫ですか? 念のためもう一度人物チェックを……」と繰り返し迫ろうものなら、「どうしてそんなに疑うんですか? 彼に失礼じゃないですか? 彼は大丈夫ですよ」と逆切れされてしまうこともあります。

こんな状態のときに何を言ってもダメです。恐らく聞く耳を持ってくれないでしょう。「あの人はいい人」という考えがすべての行動を支配しています。相手がホンモノかどうかは自分自身の判断で見極めなければなりません。

「あの人なら大丈夫」症候群にかかると、「ちょっとおかしいな」という気持ちが湧いても、それを封印して「そんなはずはない」と自分自身に言い聞かせます。「彼は大丈夫」という思いが強く、時には盲目的になってしまうケースを何度も眼にしてきました。冷静さを失っているのではなく、冷静に信じ切ってしまっているのです。

こんなとき、外野から本人に何を言っても無駄です。「余計なお節介」「大きなお世話」で終わってしまうのです。本人自身が「相手を見極める眼」の大切さに気づいて、自分自身で「再チェック」の行動を起こさない限り、どうしようもありません。これが「あの人なら大丈夫」症候群です。

結論を言うと、実は、青木氏のケースもそうでした。1カ月後、もう一度相談にやってきたとき、ビジネスは「振り出しに戻る」という状態でした。

「あの人なら大丈夫」症候群にあなたは陥っていませんか？　ここでちょっと冷静になって、今ビジネスでやり取りをしている中国人をもう一度見つめ直してみてください。

これは決して「相手を疑ってかかれ」ということを言いたいわけではありません。

実は、本当に疑ってかからなければならないのは、彼を信じている「自分の気持ち」なのです。

知らずにかかっていませんか？ 3つの症候群 その2 「何とかなるさ」症候群

急ぐときこそ、自社の「強み」を徹底的に見極める

「中国ビジネスには無限の可能性がある」「中国に行けばきっと何とかなるだろう」と考える方はさすがにもういらっしゃらないと思います。中国ビジネスはそんなに簡単なものではありません。中国ビジネスは「バラ色の未来」どころか、「イバラの道」だとすぐに思い知らされるはずです。

しかし、「プチ何とかなるさ」症候群とか「隠れ何とかなるさ」症候群という方は、まだまだ意外と多いようです。現実の厳しさはよくわかっているつもりでも、心のどこかで「何とかなるさ」と思っている方が意外と多いのです。

S社は大手の下請けでソフトウエアの開発を手がける従業員が100人程度の技術者集団です。遅まきながら中国でのオフショア開発に取り組むことになりました。何度も現地視察を繰り返し、現地でのネットワーク作りに取り組んできました。

ある会合で現地の人民政府関係者とのパイプができ、中国側のインキュベーション施設を利

用して現地に会社を設立することを勧められました。問題があれば、人民政府の招商局が支援してくれるという約束も取り付けました。中国でのオフショア開発で出遅れたS社は、「渡りに舟」とばかりにこの話に飛びつきました。インキュベーション施設の利用条件や人民政府からバックアップを得られることは悪い話ではありませんでした。

このS社の伊藤社長（仮名）から相談を受けました。会社設立の手続きについてです。現地の人民政府からは、インキュベーション施設に入居している中国企業との合弁を持ちかけられているそうで、合弁か独資かを迷っているという相談です。

伊藤氏はとにかく法人の設立を優先的に考えていたようですが、大切なのは会社を設立してどんなビジネスをやるかです。私は、まず自分たちの「強み」を中国でどう活かしたらいいかを充分に検討するべきとアドバイスしました。しかし、「ビジネスありき」ではなく、「会社設立ありき」からスタートしたS社はまず独資で会社を設立し、結果的に予想外の苦戦を強いられました。実は、独資か合弁かという以前に、自分たちの「強み」の見極めが甘かったのです。

自分たちの「強み」を徹底的に分析して、その「強み」を中国ビジネスの「強み」に転換できるかどうかが、中国での成功のカギです。「日本でうまくいかなかったビジネスモデルが、中国へ行けば何とかなるだろう」という淡い期待は禁物です。日本でうまくいかなかったことが、中国で通用するはずがありません。こうした期待感は最初から捨てるべきです。

むしろ、貪欲なまでに自社の「強み」を追求し、徹底的にその「強み」で勝負することが求められます。自社の「強み」を現地のニーズに合わせて調整したり、作り変えたり、「弱み」を補ってくれるパートナーと連合したり。つまり、いかに現地でビジネスパートナーを探し出すことができるかが勝負です。

その後、伊藤氏はある国際会議で、中国でソフト開発を請け負うG社の総経理と知り合いになりました。予想外の苦戦を打破するために、伊藤氏は、新たなパートナー企業との合弁事業にその活路を見出そうとしました。それこそ「ワラをも掴む思い」で、「今度はいい人を見つけました。あの人なら絶対に大丈夫」と言って、合弁契約の正式調印にGOサインを出したそうです。このケースは「何とかなるさ」症候群に「あの人なら大丈夫」症候群を発症させてしまった合併症のケースです。

「彼なら大丈夫。絶対に問題ない」と伊藤氏はG社の総経理の人柄を絶賛しました。

日本では石橋を叩いても渡らないような人が、中国に行くと風呂敷の大きな可能性に淡い期待を持ったり、ノーチェックのまま人を安易に信じてしまったりすることがあります。「最初から疑ってかかれ」と言っているわけではありません。中国ビジネスはスピーディーな意思決定も重要です。しかし、自社の「強み」を徹底的に追求し、それが中国でのビジネスチャンスにつながるような「強み」に作り変えなければなりません。

まずはニーズを的確に捉え、そこへ自社の「強み」を売り込んでいくことができるかどうか、徹底的に考えていかなければならないのです。

スピーディな動きは必要です。しかし、焦って急ぐことはありません。スピーディさが求められるときほど、冷静な状況判断が必要です。「何とかなるさ」ではなく、「強み」を徹底的に見極める眼が大切です。

知らずにかかっていませんか？ 3つの症候群 その3「騙されないぞ」症候群

「美味しいダンゴ」と「毒ダンゴ」を見極める眼を養う

前作『すぐに役立つ中国人とうまくつきあう実践テクニック』を出してから、たくさんの方々からスピーチの依頼をいただくようになりました。日中のブリッジ役として具体的なビジネスアライアンスのサポートをすることが私の本業です。これまでは中国に進出する日本の中小企業が抱えている課題を整理して、セミナーでスピーチをすることが多かったのですが、この本を出してからは「中国人とうまくつきあう実践テクニック」を知りたいということで、中国人の価値観や就業意識についてスピーチすることがだいぶ多くなりました。

基本的にいただいた講演依頼は、スケジュールが許す限り、できるだけお断りせずにお引き受けするようにしています。毎日の業務で悩み、現場の最前線で闘っているみなさんへ、微力ながら1つでも多くの「転ばぬ先の杖」をお渡ししたいという一心です。

午後の講演会の前に主催者の方にランチにお誘いいただくことがあります。スピーチの前に昼食を取りながらお話をさせていただきます。スピーチを聞いていただくみなさんがどんな点

中国ビジネスでは相手の「面子」が毒ダンゴかどうかを見極める眼を養うことが大切。

に関心をお持ちなのかを聞かせていただくとたいへん参考になるからです。

そんな食事の席で、時々こんな方がいらっしゃいます。

「私は何度も中国人に痛い目に遭わされましたよ。中国でのビジネスは難しいですね」

「そうですか。それはたいへんでしたね。今日は中国人をどう理解したらいいか少しでもお役に立てるお話をしたいと思います」とお答えすると、

「いいえ、基本的に理解し合おうというのは無理ですね。基本的に中国人と仲良くビジネスをやるのは無理だと思いますよ。私は彼らとのビジネスはもうこりごりです」という答えが返ってきました。

こんなとき、「いいえ、そんなことはないで

すよ。異文化理解とは……」と反論することはやめておくことにしています。この食事の席上で私がどんなに熱弁を振るっても、恐らく彼は耳を傾けてはくれないでしょう。

案の定、その後も「中国人はいかに狡賢いか」「自分勝手で拝金主義」「油断ならない人たちだ」とご自身が経験したことのエピソードをたくさん披露してくれました。できるだけ頷きながら、黙って話を聞くことにしています。

「自分のことしか考えない」「利に貪欲」「会社や同僚のことを考えないでわがままで自分勝手な人たち」と何か溜まっていたものを一気に噴き出すように話が続きます。

確かに日本人から見ると「わがまま」で「自分勝手」と見える一面もあるかもしれません。しかし、彼はどうやら中国人のマイナス面ばかりを切り取って話をしているようです。これまで本当にマイナス面しかなかったのでしょうか？　マイナス面ばかりに眼を向けて、それを自分自身の頭にインプットしてきたようです。短い時間での反論は逆効果になりそうです。

逆に、「彼の前に素敵な中国人は1人も現れなかったのかな？」とさえ思い、ちょっとだけ可哀想な気持ちになりました。

このような人たちを私は「騙されないぞ」症候群と名づけました。きっと、「腐ったダンゴ」や「毒ダンゴ」ばかりを食べさせられてきたのでしょう。「もうあんなダンゴ食べたくない」とうんざりしている様子がひしひしと伝わってきました。

しかし、「美味しいダンゴ」か「そうでないダンゴ」かは、こちら側から見極めなければなりません。「美味しいダンゴ」を探し当てる見極めの眼を持つことが大切なのです。

「まあまあ、そう熱くならず、今日はゆっくり講演を聞こうじゃないか」と、熱くなる彼の話を遮るように同席していた別のスタッフの方が助け舟を出してくれました。

「そうですね。今日はじっくり中国人に『騙されない方法』をご教授ください」とは彼の返答。

私が話しに来たのは「中国人に騙されない方法」ではなく、「中国人とうまくつきあうテクニック」です。それがみなさんに伝わるように、その日はいつも以上に全力投球で90分のスピーチを務めました。

【ポイント】あなたの中国ビジネスをもう一度振り返ろう

・「あの人は大丈夫」症候群……過大な期待は禁物。仕事が相手任せになっていないか。

・「何とかなるさ」症候群……自社の「強み」の見極めが重要。「何とかなるさ」という甘さは禁物。

・「騙されないぞ」症候群……騙された、裏切られたという前提からは信頼関係は生まれない。

「タマゴの氷漬け」は重症患者

「中国人とはもう仕事をしたくない」と思う前にもう一度異文化理解を

「中国人は契約を守らない人たちですね」と開口一番に中国人批判を始める人がいます。「中国人に騙された」「中国人に裏切られた」という人もいます。「中国人は信用できない」と公言する人もいます。ビジネスでよほど嫌な思いをしてきたのでしょう。「騙されないぞ」症候群の重症患者です。

きっと、腐ったダンゴや毒ダンゴをたくさんたくさん食べさせられてきたのでしょう。人間関係作りに失敗した人たちです。それとも、そもそも中国人とどんなふうに人間関係を築いていったらいいか学ぶ機会がなかった人たちかもしれません。

中国人との間に厚い壁を作ってしまい、「中国人を理解しよう」という姿勢に踏み出せない状況になってしまっています。「もうあんなダンゴ食べたくない」「タマゴの中には入りたくない」という感覚の人たちです。こういう状態を「タマゴの氷漬け」と呼ぶことにしました。

しかし、「騙された」「裏切られた」と言う人に限って、異文化理解が十分でなかったような気がします。本当に中国人を理解しようとしていたのでしょうか？　中国人の本質を理解せずに、都合の良いところだけを利用して、彼らとビジネスをやろうとしていた節が窺えるケースも少なくありません。

「騙された」「裏切られた」という人は、心のどこかにほんの少し、彼らをうまく利用して儲けてやろうという気持ちがなかったでしょうか？「自分の眼の前に現れる中国人は自分の心を映し出す」と言っている方がいました。まずは「タマゴ」に正面から向かい合うことが先です。

中国人の価値観やビジネスの進め方、注意ポイントをしっかり理解しておくと、中国人理解はそれほど難しくありません。逆に、彼らの考え方を理解してビジネスに臨めば、中国ビジネスはやりやすいかもしれません。

中国人は、イエスか、ノーか、はっきりモノを言う人たちです。私はむしろわかりやすい人たちだと思います。注意ポイントさえしっかり押さえた上でコミュニケーションを図っていけば、彼らは約束をきちんと守ってくれるし、一生懸命に働いてくれるのです。「騙された」「裏切られた」と思っている人たちは、ほんの少し考え方を変えて異文化理解に取り組めば、ビジネスがもっとスムースに進むはずです。

前作『すぐに役立つ中国人とうまくつきあう実践テクニック』では、「タマゴ型コミュニティ」と「社員管理のドーナッツ」という２つの図形を使って、中国人の価値観や仕事観を取り上げました。本書ではそれらを補うために、中国人の「面子」にスポットを当てて、注意ポイントや人間関係を構築する上でのテクニックを取り上げてみました。

こうした点を少しでも理解しておけば、コミュニケーションギャップから生じる誤解を避けることができるはずです。みなさんに1つでも多くの「転ばぬ先の杖」を渡すことができるように、「タマゴ」「ドーナッツ」「ダンゴ」といったフレームワークを使って、わかりやすく中国人とうまくつきあうテクニックを取り上げてきました。

中国ビジネスに関する「個別相談」を受け付けています。中国市場の開拓、現地視察、パートナー探し、技術アライアンスなどの相談を受けます。基本的に「無料」です。最近では赴任者研修、人材教育などの相談も増えてきました。

ある日、初台のオフィスにこんな方がやって来ました。中国プロジェクトの責任者といっしょにやってきたアシスタントの女性でした。前作を読んでくれた方でした。ミーティング中は何も発言しませんでしたが、ミーティングの最後に責任者の方から「実は本の感想を一言言いたいというので同席させました」という説明がありました。

「ありがとうございます。ぜひ感想をお聞かせください」と彼女に告げると、彼女は「一言言いたくて、今日は社長について来ました」と言って、次の言葉につなぎました。

「私はこれまで中国人があまり好きじゃなかったんです。でも、この本を読んで、これから中国人とうまくやっていけそうな気持ちになりました」と、本当に「一言」だけのコメントでした。

しかし、それは涙が出るほど嬉しいコメントでした。あまり多くを語らない方でしたが、この一言だけで十分でした。微力ながら前作で発したメッセージが彼女に届いて、彼女の気持ちを動かすきっかけを作ることができたわけです。嬉しさで涙を流したくなるコメントでした。「人の心を動かす仕事」、ほんの少しだけこの大きな目標に近づいた気がしました。その晩は、1人で自分自身に「乾杯」をして、自分の目標を改めて確認する夜となりました。

自分の責任の重たさを自覚すると同時に、さらに自分自身を奮い立たせるきっかけを与えてくれたコメントでした。

常に自分の「時価」を意識して働くのが中国人

貪欲にスキルを学び、自分を高く売り込むのが中国人

中国人社員を採用する日本企業が増えてきました。国際化の波が雇用の現場にまで押し寄せています。日本の大学や専門学校で学んだ中国人留学生を新卒採用するだけでなく、中国国内の大学や専門学校を卒業する学生を採用する動きも始まっています。

しかし、採用する中国人が日本人と同じように会社に対する「忠誠心」を発揮してくれるとは限りません。必要なポジションに必要なスキルを持った人材を採用するのが中国の雇用です。新卒を一括採用して社員を教育する日本と大きな違いがあります（図11）。

社内で人を育て、時にはジョブローテーションを取り入れながら、適材適所に人を配置していくのが日本流です。仮に仕事上でミスを犯した社員がいても、個人の責任を追及したり、社員をクビにしたりすることはないのではないでしょうか。人を育てること、そして人を辞めさせないことが日本企業の特徴です。

一方、必要なポジションに必要なスキルを持った人材を採用するのが中国流です。中国では

図11　日本人と中国人のキャリアプランの違い

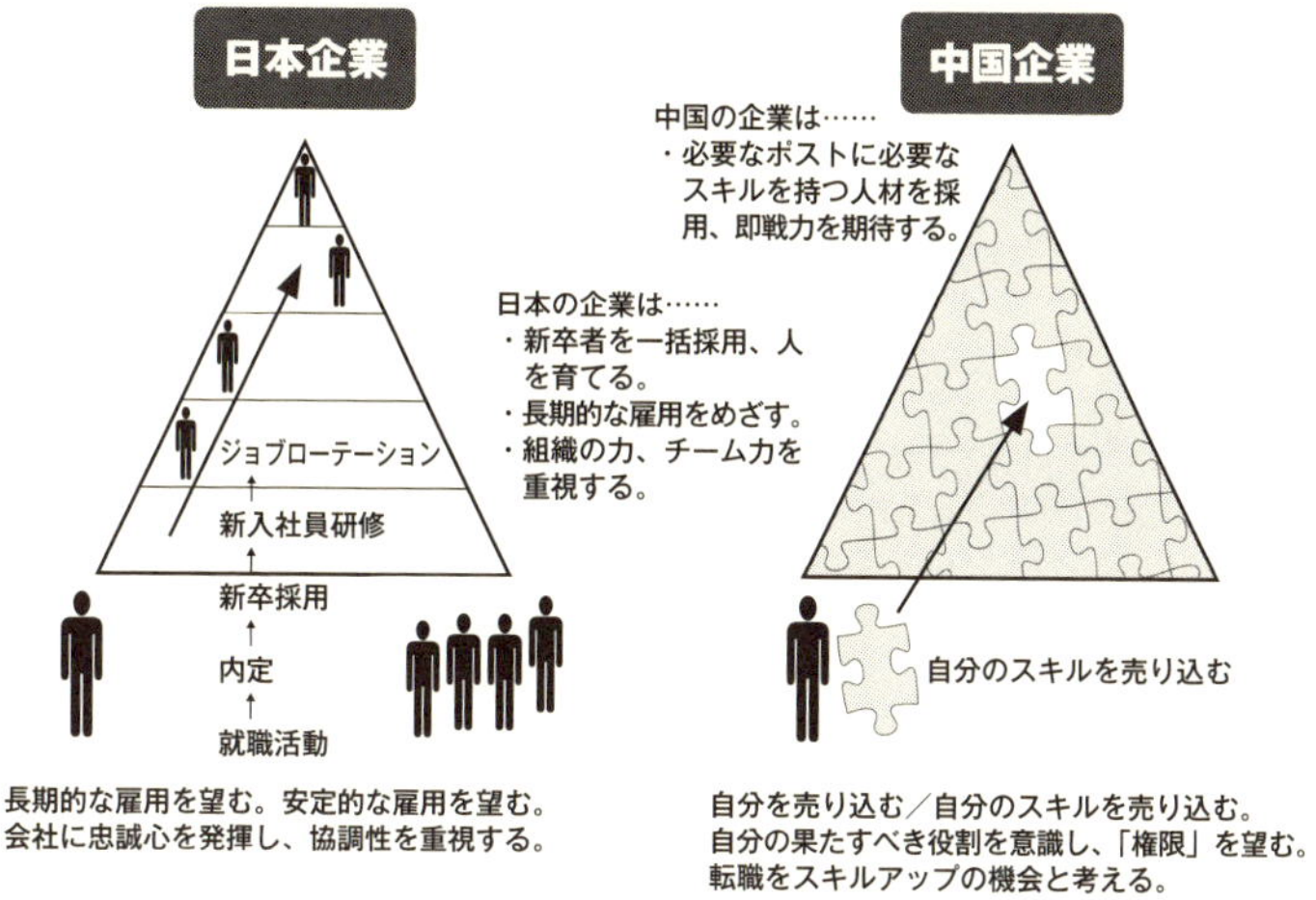
日本企業
ジョブローテーション
新入社員研修
新卒採用
内定
就職活動
日本の企業は……
・新卒者を一括採用、人を育てる。
・長期的な雇用をめざす。
・組織の力、チーム力を重視する。
長期的な雇用を望む。安定的な雇用を望む。
会社に忠誠心を発揮し、協調性を重視する。
中国企業
中国の企業は……
・必要なポストに必要なスキルを持つ人材を採用、即戦力を期待する。
自分のスキルを売り込む
自分を売り込む／自分のスキルを売り込む。
自分の果たすべき役割を意識し、「権限」を望む。
転職をスキルアップの機会と考える。

即戦力を重視します。個人がどんなスキルを持っているかを見極め、そのスキルを採用するのが特徴です。1人ひとり何ができるか、どんなスキルを持っているかが人を採用するときのポイントです。人を育てるというより、会社は個人の能力を発揮させる機会を提供するのです。

仕事を探す側の視点から見ると、自分が持っているスキルをどうやって企業に売り込むかがポイントです。自分のスキルを高く評価してもらうために積極的に自己アピールして自分を売り込みます。もちろん、実際の能力が伴っていなければ自分を高く売り込むことはできません。仕事を通じて自分自身のスキルを磨き、スキルアップに貪欲なまでに意欲的なのが中国人です。

会社から教育の機会を提供してもらうことは期待せず、「自分のスキルは自分で磨く」というのが基本姿勢です。自分自身のスキルアップのために転職を重ねる中国人も少なくありません。会社に所属することによって、どんなスキルやノウハウを学べるかということが重要なのです。極論を言うと、会社から学ぶのではなく、上司から学び取れること、業務から学び取れるノウハウが重要なのです。

「あなたの『時価』はいくらですか？」と問いかけられたら、みなさんはどう答えますか？たいていの日本人は戸惑ってしまうはずです。経験やノウハウ、技術や技能やさまざまなスキル、これらが「自分の時価」につながります。しかし、「自分の時価」とは、年収や月給のことではありません。

経済状況やビジネスのトレンドが変われば、必要とされる経験やノウハウは刻々と変化します。自分の値段も変わるのです。今、この瞬間、自分が持っている経験やノウハウが必要とされているかどうか、自分が持っているスキルがどれだけの価値を生み出すか、刻々と変化するビジネス環境の中で、「自分の時価」も変化しているはずです。

中国人は、この「自分の時価」を常に意識して仕事をしています。価値の変化に敏感なのです。「自分の時価」を高めるためには、貪欲なまでにスキルを学び、自分自身のキャリアアップのために転職を繰り返す中国人も少なくありません。

会社は社員を育て、社員も会社に忠誠心を尽くして一生懸命に働く日本とは、この点が大きく違うポイントです。

【ポイント】中国の雇用環境／会社側

・会社側は、必要なポジションに必要なスキルを持っている人を採用する。
・会社側は、社員を教育して人材を育成するより、即戦力を重視する。
・会社側は、長期的な雇用より、時期に応じて必要な人材を見直す。

【ポイント】中国の雇用環境／社員側

・社員側は、就きたいポジションを目指して個人のスキルを売り込む。
・社員側は、会社にシェルター機能を期待しない、自分のスキルは自分で磨く。
・社員側は、長期的な雇用を望みながらも、転職による積極的なスキルアップも考える。

会社に対する「忠誠心」を育てることは難しい？

個人への「忠義心」をうまく会社に対する「忠誠心」に振り替えさせる

「中国人の会社に対する忠誠心を育てるにはどうしたらいいか」という質問をよく受けます。「スタッフの定着率が低い」「社員を育てても転職してしまう人が多い」など、日系現地法人の担当者からこんな悩みをよく聞きます。

私は「中国人の会社に対する忠誠心を育てるのは難しいことです」と答えますが、同時に、「中国人社員の忠誠心を育てることは実はそんなに難しいことではありません」とも付け加えます。「難しいことですが、実は難しいことではない」という矛盾するコメントは、中国人の「タマゴ型コミュニティ」をどれだけ理解しているかどうかがポイントです。

中国人社員の会社に対する忠誠心を育てたい場合、まず彼と徹底的に「個人対個人」の人間関係を作ることが先です。2人の十分な信頼関係を構築することがまず先なのです。2人の信頼関係が深まると、相手はあなたに対して忠義心を発揮するようになります。

そこで、あなたに向いている忠義心の看板をあなたが意図的に会社に対する忠誠心に掛け替えてしまえばいいのです。彼はあなたを通じて会社に対する忠誠心を発揮するようになります。あなたに対して発揮している忠義心がそのまま会社に対する忠誠心につながるのです。つまり、個人と個人の信頼関係を構築することが、会社に対する忠誠心を育てる最も近道なのです。

「会社のために、組織のために、チームのために」という姿勢を中国人社員に植えつけて、組織力やチームワークが発揮できる社員を育てるのはたいへん難しいことです。これは1つの企業文化を作り上げることであり、何年も時間をかけた取り組みを行っている企業もあります。

「会社のために頑張ろう」「組織のために力を尽くして欲しい」とチームワークの大切さを教えることより、「私のために頑張って欲しい」「いっしょに頑張っていこう」という気持ちで接することのほうが効果的です。会社の一員としての忠誠心を育てるよりも、個人的な信頼関係を構築することのほうが取り組みやすい課題ではないでしょうか。

これは相手にどのように向き合うかという個人個人の取り組みの問題です。「まずは足元から固めていく」「私と部下の2人の関係から始める」という姿勢です。この積み重ねが結果的に企業文化を築き上げていくことにつながります。

「タマゴ型コミュニティ」を理解して、タマゴの関係を築き上げていくプロセスを実践し、一歩一歩人間関係を深めていく努力をすることが結局のところは近道なのです。「網面子」を理解して人の見極め方を学ぶこと。「貸し面子」を理解して人間関係を深めていく努力を続けていくこと。最後は「義の面子」で仕上げです。「個人と個人」の信頼関係、これが「義の面子」で裏づけられた状態です。「個人対個人」の関係を築き上げていくことが、社員の会社に対する忠誠心を育てていく第一歩なのです。

会社に対する「忠誠心」はあまり期待できないというのが、一般的な中国人に対する評価です。しかし、中国人は個人に対する「忠義心」は強烈に発揮します。「個人と個人の関係」を重視し、一度良好な人間関係ができると、上司や仲間のために強力な「忠義心」を発揮するのが中国人です。

「私は会社を退職した後も中国や台湾の友人と今でもつきあっています」という日本人の駐在経験者の方をたくさん知っています。「彼が転職してもずっと連絡をくれます」という方もいます。仕事上のつながりがなくなったとしても、友人は友人なのです。

「何かあると必ず手伝ってくれるんですよ。頼りにしています」

「会社を辞めてからより親しくなりました」

「タマゴの関係」を実践してきた人たちからはこのようなコメントを聞くことができます。

「私は彼に恥をかかせるようなことはしません。逆に、彼も私に恥をかかせないように頼んだことはしっかり手伝ってくれます」と言うのは、中国で現地法人の総経理を長く務めた方です。

もし、会社を辞めても、仕事が変わっても、個人で培ってきたネットワーク力は変わりません。ネットワーク力を個人の財産と考えて、大切にするのです。ネットワーク力をフルに活用してビジネスを広げていくのが中国人です。

日本人は長期安定雇用が前提にあり、会社に対して「忠誠心」を尽くし、会社に所属することで安定的な生活の基盤を作ります。これが自分自身の人生設計の基本です。

中国人の会社に対する「忠誠心」が一般的に希薄なのは、会社というシェルターに守ってもらうという意識が低く、「自分の身は自分で守る」という姿勢が基本だからです。「会社」という組織に自分の身を守るためのシェルター機能を期待しないのが中国人です。

しかし、中国人は個人と個人の人間関係には敏感に反応します。会社という枠を超えて、まずは個人と個人の信頼関係をしっかり構築することが重要なのです。会社に対する「忠誠心」を育てるにはこのように看板掛け替え方式が有効です。みなさんもぜひ実践してみてください。

【ポイント】中国人社員の「忠誠心」を育てるコツ

・まず「個人」対「個人」で信頼関係を構築。彼はあなたに対して「忠義心」を発揮する。
・彼の「忠義心」をあなた自身が意図的に会社に対する「忠誠心」に据え替える。
・彼はあなたを通じて、会社への忠誠心を強力に発揮するようになる（看板掛け替え方式）。

「3つの没有」に要注意①「問題なし」と言う中国人は問題あり?

「問題がない」とは、問題に気づいていない可能性も

「3つの没有《メイヨウ》」とは「没有問題《メイヨウウエンティ》」「没有関係《メイヨウグワンシー》」「没有弁法《メイヨウバンファ》」という3つのフレーズです。

「没有問題」は「問題ありません」という意味です。中国人が口癖のように使う言葉です。しかし、この言葉を鵜呑みにしてしまうことは危険です。「問題ない」はどこかに「問題がある」と疑ってかかるくらいのほうが無難です。

次に、「没有関係」という言葉が続きます。「大丈夫、大丈夫。気にしなくてもいいですよ」という意味です。この言葉を使う段階になると問題はかなり深刻な状況に陥っているはずです。ここは、みなさんのほうから問題点を見つけ出すラストチャンスだと思ってください。

最後に、突然「没有弁法」という言葉がやってきます。これは「仕方ないです」という意味です。これはすでに手遅れの段階です。この言葉が出てきたら、問題はすでに修復が不可能な状況になっています。やり直しは不可能ですから、もうあきらめるしかありません。

「没有弁法」は、「自分はできる限りの手を尽くしたがダメだった」「これは不可抗力だ」「で

きることはすべてやった」「これ以上は私の責任ではない」という、あきらめや責任逃れ、言い訳のニュアンスを含む言葉です。

「私もよく『没有問題』という言葉を聞きます」と商社勤務の田村氏（仮名）。彼は取引先の中国企業と商談のために月に1回ぐらいのペースで中国出張がある方です。

「いやというほど『没有問題』という言葉を聞かされてきました。しかし、相手の言葉をそのまま信じられません」と、友人の渡辺氏（仮名）も「没有問題」に大失敗の経験があるようです。

多かれ少なかれ、同じような経験を持つ方がいるのではないでしょうか。実は、私自身もそうです。「没有問題」という言葉に何度も振り回されてきました。

振り回されないようにするには日本側から問題点を見つけ出そうとする姿勢が必要です。そして、もし問題があるとすれば、問題の深刻さ、問題の程度、彼自身の認識の度合いを日本側からひと通りチェックしてみることをお勧めします。

ここで「没有問題」という発言の背景をいくつかチェックしてみましょう。

「本当に問題がない」というケースもありますが、「問題は起こっているが、彼自身がそれに気づいていない」というケースもあります。この2つは問題を隠そうという意図はまったくないのです。

「問題があることは認識しているが、まだ知らせるほど深刻ではないと思っている」というケースもあります。「問題に気づいているが、自分で解決できると思っている」というケースもあるでしょう。「自分一人でなんとかできる」「知らせるまでもない」と考えているのです。

さらに「問題があることに気づいていて、それを隠そうとしている」というケースもあります。「問題を知られたくない」と意図的に隠そうとしている場合は確信犯です。

繰り返しますが、「本当に問題がない」というケースも考えられます。「本当に問題がない」のか、「問題を隠している」のか、これらのどのパターンなのかをみなさん自身が見極めていかなければなりません。

【ポイント】「没有問題《メイヨウウエンティ》」の5つの段階

・本当に問題がない。順調に進んでいる。
・問題が起こっているが本人は気づいていない。
・問題が起こっているが、本人は大丈夫だと思っている、報告するほどではないと思っている。
・問題が深刻な状況だが、本人は自分で解決できると思っている。
・問題が起こっていることを意図的に隠している。気づかれたくないと思っている。

３つの「没有」に要注意②「仮説力チェック」が優秀なパートナー探しの決め手

同時に問われる日本側のビジネスセンス

ビジネスパートナーを探すとき、まず相手の「仮説力チェック」をしてみることをお勧めしています。信頼できるパートナーかどうか、協力関係を作っていけるかどうかをチェックするときに有効な方法です（図12）。

「もし問題が生じるとすれば、どんな問題が起こることが考えられますか？」という問いかけをしてみます。これが「仮説力チェック」です。仮説力をチェックする方法は中国人パートナーを選ぶときにたいへん重要なポイントです。仮説力をチェックすることで彼の仕事に対する姿勢や彼自身のビジネスセンスを垣間見ることができます。

「没有問題」という中国人がいたら、こんな質問を投げかけてみてください。

「もしも、問題が起こるとすれば、どんな問題が考えられると思いますか？」

これが仮説力のチェックです。「もしも……」という仮定の話であることを強調することがポイントです。現実の問題点を聞き出そうとするのではなく、仮定の話として彼に考えさせてみます。これは相手の「面子」に配慮した表現でもあります。

「仮定の話として、もしもだよ、もしも、問題が起こるとすれば、どんな点に注意しなければならないと思いますか?」と問いかけをしてみます。このとき、相手の反応はたいてい3つのパターンに分類できます。

「いいえ、問題ないですよ。私に任せてください」と即答するパターン。これは要注意です。問題点に気づいていないか、自ら問題点を探し出そうとする意欲がないのです。もう一歩進んだチェックが必要となります。

「問題ないです。どうして問題を無理に探し出そうとするんですか?」と言い返してくるパターンがあります。「どうして私を疑うんですか?」と突然怒り出したり、時には「逆切れ」する人もいます。このパターンはより一層の注意が必要です。私なら、このタイプの部下は次回のプロジェクトから外します。取引先としてもできれば避けたいタイプです。

最後はしっかりと仮説を立てて、1つひとつ説明してくれるタイプです。

「もし、問題が起こるとすればAとか、Bとか、Cとか。こんなことが考えられます」

彼の仮説が正しいかどうかは別問題です。仮説を考えるという姿勢が評価ポイントです。このような部下は大切にしたいところです。

これからいっしょにビジネスを進めるパートナーになり得るかどうか、トラブルを未然に察

図12　「3つの没有」に要注意

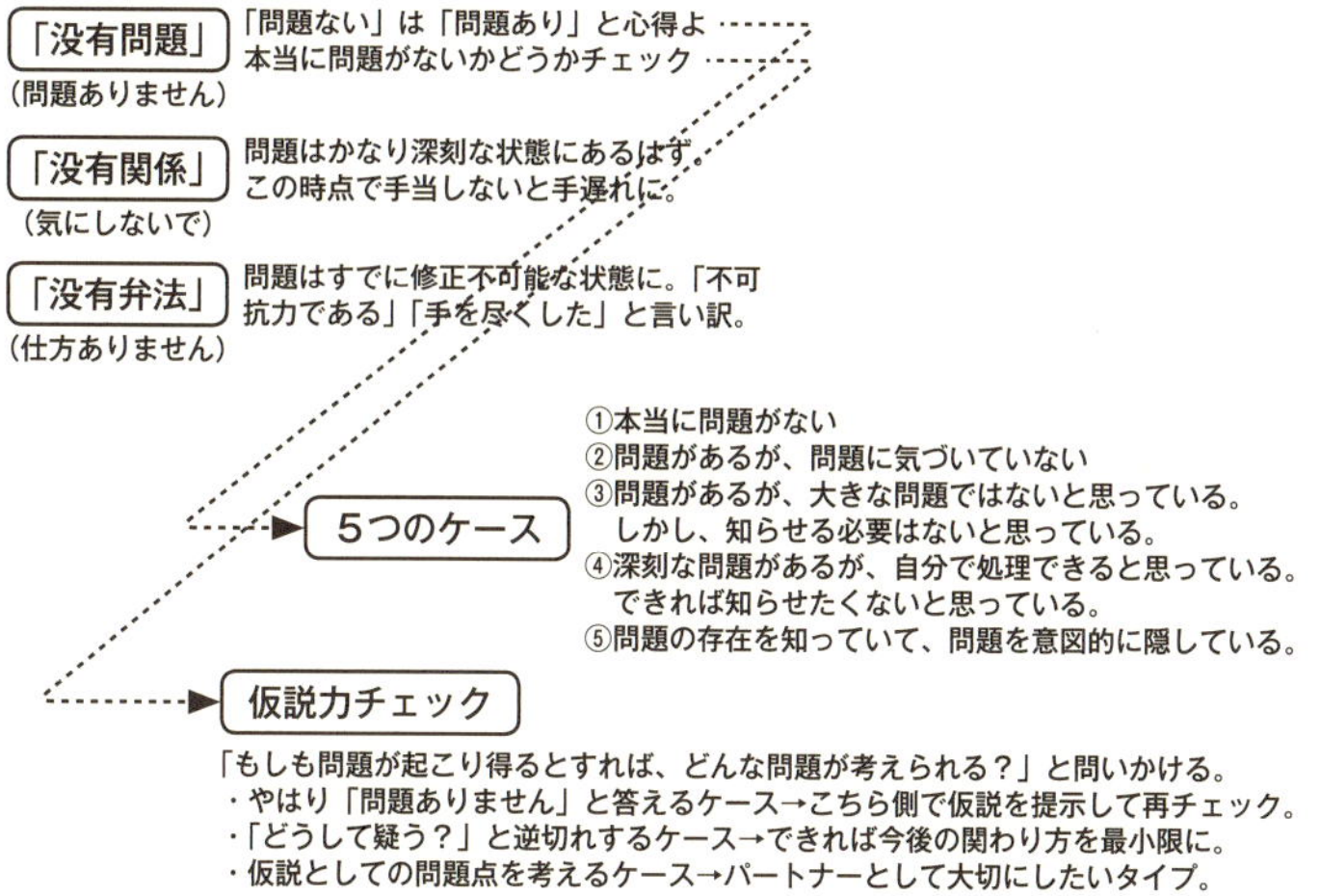
「没有問題」

（問題ありません）

「問題ない」は「問題あり」と心得よ
本当に問題がないかどうかチェック
「没有関係」

（気にしないで）

問題はかなり深刻な状態にあるはず。

この時点で手当しないと手遅れに。

「没有弁法」

（仕方ありません）

問題はすでに修正不可能な状態に。「不可抗力である」「手を尽くした」と言い訳。

5つのケース
①本当に問題がない
②問題があるが、問題に気づいていない
③問題があるが、大きな問題ではないと思っている。しかし、知らせる必要はないと思っている。
④深刻な問題があるが、自分で処理できると思っている。できれば知らせたくないと思っている。
⑤問題の存在を知っていて、問題を意図的に隠している。
仮説力チェック
「もしも問題が起こり得るとすれば、どんな問題が考えられる？」と問いかける。
・やはり「問題ありません」と答えるケース→こちら側で仮説を提示して再チェック。
・「どうして疑う？」と逆切れするケース→できれば今後の関わり方を最小限に。
・仮説としての問題点を考えるケース→パートナーとして大切にしたいタイプ。

知し、効果的な対策をいっしょに考えていくことができる相手かどうか、私自身はこの「仮説力チェック」を1つの指標にしています。仮説力をチェックしてみると、ビジネスパートナーとして相応しい相手かどうかも比較的容易に見極めることができるのです。

もし、きちんと「仮説」を立てて、1つひとつ説明してくれる相手であれば、ビジネスパートナーとして大切にしたいところです。私自身もこの「仮説力チェック」の方法で頼りになる中国人を何人も見つけてきました。

また、これと同時に、日本側から起こり得る問題の仮説を立てて、相手に投げかけてみるという方法も試していただきたい方法の1つです。日本側で立てた仮説を相手にぶつけてみて、相手の反応を見る方法です。

「問題を解決してくれるはず」「トラブルをチェックしてくれるはず」と相手の自主的な行動を期待するだけでは問題は解決できません。日本側からも問題点の発見を積極的に働きかけて、双方で問題点を洗い出し、しっかりコミュニケーションを図っていかなければならないのです。問題点を事前に見つけ出すためにどのように働きかけるか、「仮説力チェック」をどのように具体的に実践していくか、これが中国ビジネスを成功に導くノウハウだと言えるでしょう。

ぜひ、「もし問題が起こるとすれば、どんな問題が考えられる？」という問いかけを試してみてください。そして、みなさん自身の「仮説」を相手にぶつけてみてください。ここはある意味では、みなさん自身の「仮説力」が試される場面です。

【ポイント】仮説力チェックがベストパートナー探しの決め手

・反応1　それでも「問題ない」というタイプ（こちらから仮説を提案して再チェック）
・反応2　逆切れタイプ「私を信用できないんですか」「本当に問題ない」と怒り出す（要注意）
・反応3　仮説をきちんと考えるタイプ「もし問題が起こるとすれば、A、B、C」
※仮説として問題点を提示できる人をパートナーとして大切にしたい。

中国人社員に長く働いてもらえるようにする方法

「ドーナッツ」と「タマゴ」を組み合わせて「ハイブリッド」で接する

中国人を理解するためにぜひ知っておきたいポイントの1つが「タマゴ型コミュニティ」です。彼らのコミュニティ感覚を知ることは、中国人の考え方や価値観を理解するための第一歩です。タマゴの「殻」の内側には「自己」と「自家人」、そして家族と同じくらいに大切な「自己人」がいます。自分たちを守るシェルターをタマゴの「殻」にたとえました。それが「タマゴ型コミュニティ」です。

中国人とうまくつきあっていくためには「タマゴ型コミュニティ」を意識しながら彼らに向き合ってみることをお勧めします。そのとき注意したいポイントは、次の3つです。

第1に、いま自分が「タマゴ」のどの辺の位置にいるかを意識しながら相手とつきあってみること。相手との距離感、自分自身のポジションを意識しながら接することが大切です。

2つ目は、「人の見極め」です。八方美人になって「タマゴ」をたくさん作り出す必要はありません。「タマゴ」の数は多ければ多いほうがいいというわけではありません。誰と「タマゴの関係」を作っていくか、人の見極めが大切なのです。

そして、もし「この人と人間関係を深めていきたい」という人に巡り会ったら、積極果敢に「タマゴ」の殻を割って、中に飛び込んでいってみること。以上の3つです。

一方、たくさんの中国人スタッフを管理する場合は「社員管理のドーナッツ」が有効です。図13をご覧ください。「権限」と「責任」を与え、具体的な「目標」の設定と明確な「評価」の「基準」を示し、「成果」に見合う「報酬」を与えること。これが中国人社員にモチベーションを与え、それを維持し、会社を辞めずに長く働いてもらうためのポイントです（詳しくは前作『すぐに役立つ中国人とうまくつきあう実践テクニック』の第4章を参照）。

この「ドーナッツ」は会社にたとえることができます。1つのプロジェクトと考えてもいいでしょう。「ドーナッツ」の中を回ることが1つひとつの仕事をこなしていくことです。ぐるぐると回り続けている間は、あなたの部下は会社を辞めないはずです。プロジェクトが回っているということです。

しかし、「ドーナッツ」の中には7つのキーワードがあります。「権限」と「責任」、「目標」と「評価」と「基準」、「成果」と「報酬」という7つの言葉です。社員にこれらをできるだけ具体的に示すことが必要です。また、そのバランスにも配慮しなければなりません。7つのキーワードの1つが破綻したり、バランスが崩れたり、「ドーナッツ」がスムースに回らなく

図13　社員管理のドーナッツ

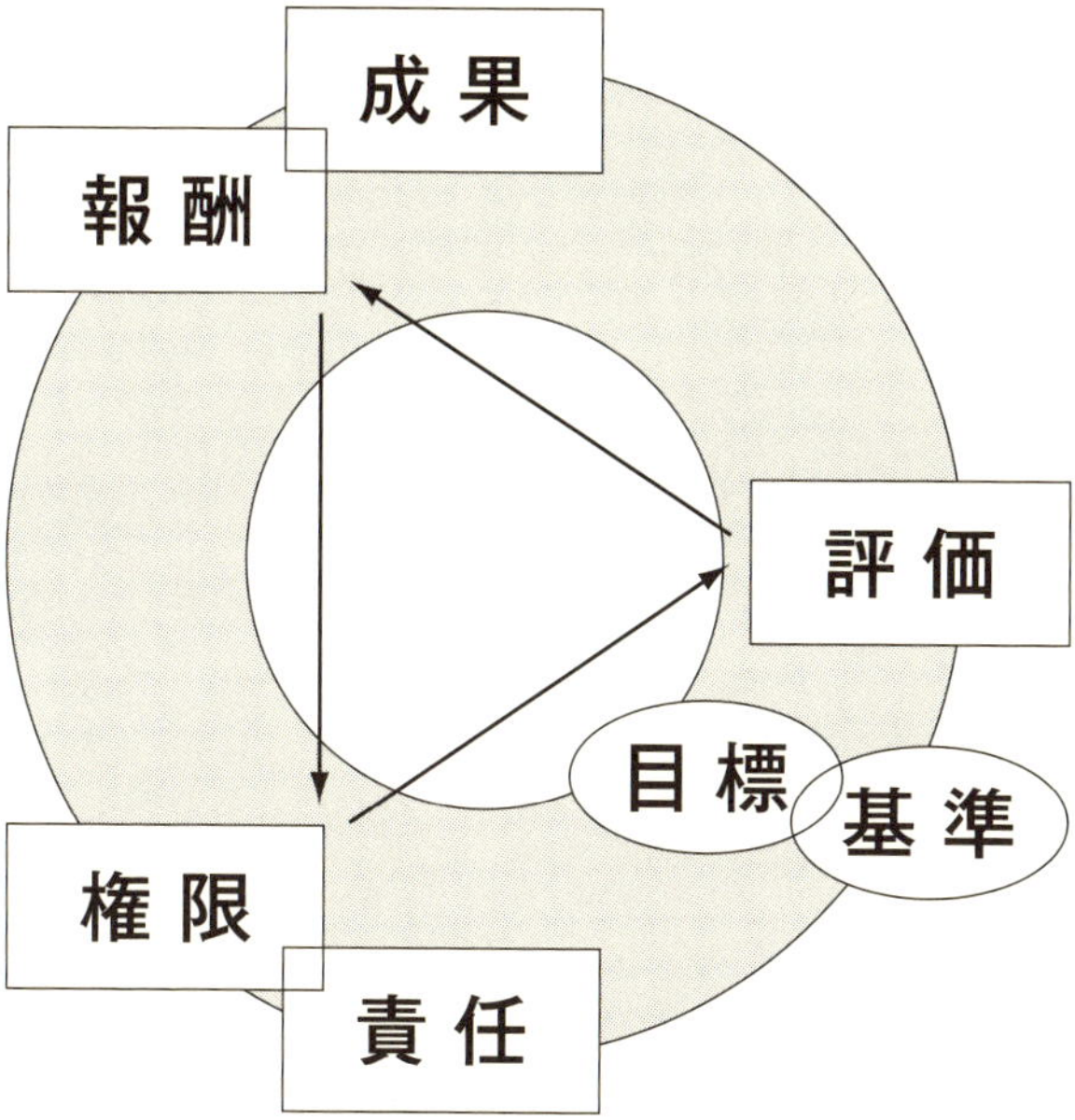

◆「権限」と「責任」
・「権限」のある仕事を望む。「自分も与えられる役割」を明確に意識する。
・企業側は昇進・昇給の道筋を明確にすることが優秀な人材を採用するカギ。
・業務範囲とその「責任」「権限」を明確にして、２つのバランスを重視。
◆「目標」と「評価」、「評価」の「基準」
・組織（チーム）の目標と個人の目標を明確に設定する。
・評価基準を徹底的に「数値化」「見える化」する。
・協調性、責任感（忠誠心）、将来性といった基準での評価を避ける。
・給与明細を見せ合うのは、「会社から正当な評価を受けている」という自己確認。
◆「成果」と「報酬」
・「成果の共同分配」「失敗の連帯責任」ではなく、がんばった人には正当な報酬を。
・「結果の平等」より「機会の平等」を重視（チャンスは均等に、結果は差別化も可）。
・金銭ではないインセンティブの形を工夫（社員管理／中国ビジネス成功のノウハウ）
※ドーナッツをうまく回すことが部下を辞めさせない「秘訣」
・ドーナッツは１つのプロジェクト、上記の７つの言葉に注意を払い社員を回す。
・社員からの不満やクレームは７つの言葉を１つひとつチェックして解決。
・破綻やバランスの崩れがあると、ドーナッツから飛び出していく（会社を辞める）。

なると、あなたの部下はこの円から飛び出してしまいます。つまり、会社を辞めてしまいます。

優秀な部下に長く仕事を続けてもらいたいときは、この7つの言葉に注意して「ドーナッツ」をうまく回すことが重要なのです。部下から不満やクレームがある場合もこの7つの言葉に照らし合わせて、どこに問題があるのか、バランスが崩れている箇所を見つけ出し、手当てをしてあげると、部下を辞めさせずに済みます。

しかし、1人で何十人もの中国人スタッフを管理することになる場合、1人ひとりの中国人と「タマゴの関係」を作っていくことは不可能です。工場で人を雇う場合、中には数十人～百人単位の従業員を抱えるケースもあるでしょう。

図14をご覧ください。人間関係を構築していくプロセスはまずCの「ドーナッツ」を回す段階、次はBの「ハイブリッド型」で接する段階、そしてAの本格的に「タマゴの関係」を作り上げる段階、という3つの段階があります。

雲の下にあるCの段階では徹底的に「ドーナッツ」を回すことがポイントです。7つの言葉のバランスが崩れていないかどうかを徹底的にチェックして、社員のモチベーションを引き出します。また、ここで次のBの領域へ引き上げる候補者を探し出します。

そのときに大切なポイントは、「成果の平等」より「機会の平等」ということです。みんなで頑張ってその成果を共同分配するのではなく、チャンスを平等に与えて、仮にその結果に違

図 14　中国人との人間関係構築のプロセス

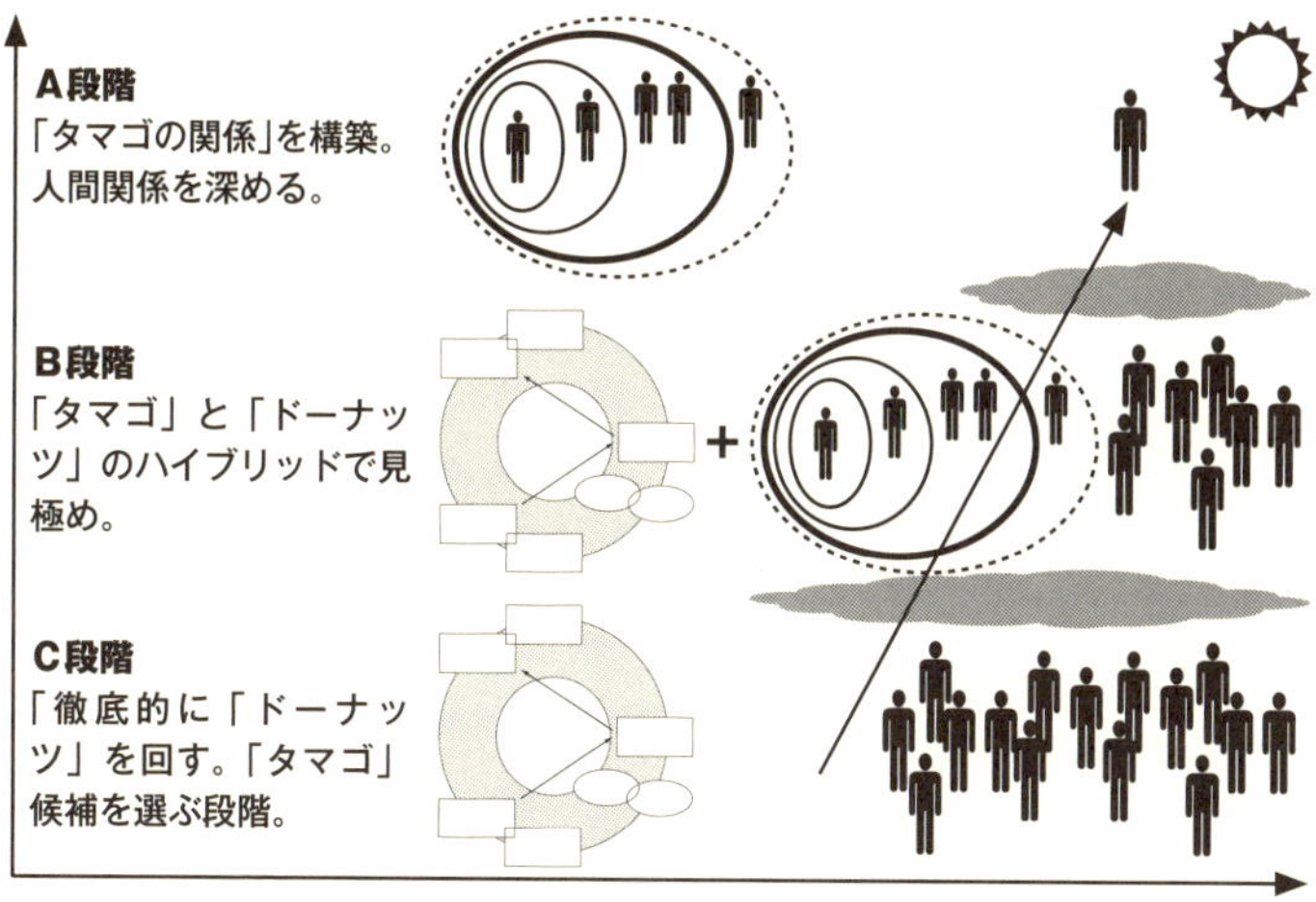
A段階
「タマゴの関係」を構築。
人間関係を深める。
B段階
「タマゴ」と「ドーナッツ」のハイブリッドで見極め。
C段階
「徹底的に「ドーナッツ」を回す。「タマゴ」候補を選ぶ段階。

い生じても大きな問題にはなりません。

　雲の下の「ドーナッツ」の中から人選し、一番上の「タマゴの関係」に進めていく過程が「ハイブリッド型」です。「ドーナッツ」と「タマゴ」をうまく組み合わせて「ハイブリッド型」で接します。時には徹底的に「ドーナッツ」を回し、時には食事に誘ったり、自宅に遊びに行ったり、「タマゴの関係」を意識しながら接する段階です。このBの段階は最終的な「タマゴ」の候補者を絞り込む段階です。

　「仮説力チェック」や「自分で考えさせる」トレーニング（「問題発見力」のトレーニング）はBの段階から始めることが無難です。Cの段階では「仮説力チェック」は避けるべきです。この段階では「会社のため、組織のため、みんなのため、仲間のため、同僚のため」という感覚が育っていません。自分の都合の良い方向に進めていくことを優先させがちです。これが中国人の「自分流」です。Cの段階で「自分で考えてやってみなさい」と言って、社員の自主性に期待する取り組みはむしろ危険なのです。

そして、最終的に2つ目の雲を抜け、Aの段階まで引き上げ、しっかりとした「タマゴの関係」を作り出します。Aの段階は本格的な「タマゴの関係」に入っていく段階です。

繰り返しますが、これからみなさんが知り合うすべての中国人と「タマゴの関係」を作っていくことは不可能です。「ドーナッツ」から「ハイブリッド」へ、そして「ハイブリッド」から「タマゴの関係」へと人を選び、見極め、選び出した相手と一歩ずつ人間関係を深めていくことが大切なのです。

【ポイント】ドーナッツとタマゴ

第1段階　雲の下では徹底的にドーナッツを回す。ドーナッツを回す仕組みを作る。

第2段階　ドーナッツとタマゴのハイブリッドで中国人に接する。

第3段階　「タマゴの関係」に格上げして、人間関係を深める。

※「タマゴ型コミュニティ」と「社員管理のドーナッツ」を常に意識して中国人に接する。

３カ月後の相手の成績、３年後の２人の計画を意識して接するのが、個人的関係を深めるコツ

「会社対会社」ではなく、「個人対個人」で仕事をしているという認識を持つ

取引先の中国人とうまくつきあっていくために、私自身が心がけている実践テクニックを１つ披露しましょう。キーワードは「３カ月後の成績と3年後の計画」です。

中国人とビジネスをするとき、ぜひカウンターパートナーである「彼の成績」を意識しながらやりとりをしてみてください。いっしょに取り組んでいるプロジェクトで、彼にとってどんな成果を上げることが彼の社内での評価につながるのかを意識してつきあってみることです。

彼にとっての成績とは何なのか、中国企業では社内で短期的な目標を1つずつ達成していくことが業績につながります。業績の積み上げがないと、彼の個人評価につながらないのです。

「王さんにとって、どんな業績を上げることが直近の個人評価につながりますか？」

取引先の相手に私は単刀直入にそんな質問をします。こちらが聞く姿勢を示すと、相手も身を乗り出して話をしてくれます。直近の成果の目安が３カ月です。３カ月後、彼が一定の成績を出すことができなかったら、もしかしたら彼はこの会社にいないかもしれないのです。

もし、じっくり時間をかけていっしょに仕事をしたい相手だったら、まず彼の3カ月後の成績を意識しながらやりとりしてみることです。こちら側がそんな気遣いをすると、相手も私の成績を気遣ってくれるようになります。

もう1つは「3年後の計画」です。これは長期的な目標です。2人でいっしょに取り組みたい目標のすり合わせです。将来の「夢」と言ってもいいでしょう。

「王さんにとって、将来の目標は何？　どんなビジネスをやっていきたい？」

取り扱いたい商品、取り組んでみたいプロジェクト、自分のアイデアを活かしたビジネスモデルなど、お酒を飲みながらいろいろな話をしてみる。これで2人の人間関係が急速に深まります。もしかしたら、彼の転職や独立の話が飛び出してくるかもしれません。

中国人は会社に所属するのではなく、自分のスキルを会社の中で活かそうとします。つまり、スキルが活かされる会社があれば転職もあり得るわけで、将来の目標を見据えてスキルアップのために転職をするというケースも少なくありません。

したがって、中国人とうまくつきあっていくコツは、常に「個人対個人」の目線で接することです。ビジネスは契約書を交わし、「会社対会社」で進めます。これはこれで大切なことです。しかし、実際の現場を動かしているのは「個人対個人」です。会社の一社員としての王さんではなく、王さん個人と仕事をしているという認識を持つことがポイントです。

「3カ月後」と「3年後」という感覚は、「半年後」と「5年後」でもかまいません。「1年後」の成績と「10年後」の計画でも、もちろん、将来の「夢」でもかまわないわけです。直近の「目標」を確認し、将来の「夢」を語り合える関係を作り上げることが重要です。

「3カ月後」と「3年後」の話ができるようになったら、仕上げは「3日後」にやるべきことに眼を向けます。ここで2人の意識が共有できるようになれば理想的なパートナーです。こうして、お互い日々の目標を1つひとつ確認しながら仕事を進めます。相手に処理すべき課題を1つひとつ認識させることもポイントの1つです。

「こちらが頑張っていれば、相手も頑張ってくれる」という期待感は、もう少し「タマゴの関係」が深まってからの話です。そのためにも、まずは「3カ月後」の彼。次に「3年後」の2人。そして「3日後」にやるべきこと。この3つをしっかり意識してみてください。

【ポイント】3カ月後の成績と3年後の計画

・相手の3カ月後の成績を考えてつきあってみる。
・いっしょに取り組みたい3年後の課題を考えて人間関係を深める。
・将来の夢、共通の目標が語り合える「タマゴの関係」を目指す。
※3カ月後と3年後のために、3日後の課題（直近の処理事項）を意識し、共通認識を深める。

通訳は「最大の味方」「最強の戦力」、信頼できる通訳を探せ

通訳を旅行社のガイドや相手先に任せるのはその時点で交渉放棄も同然

私には絶対的な信頼を寄せている通訳がいます。彼女も「タマゴの関係」です。私が同行できないケースでもしっかりと受け入れ体制を整えてくれます。安心してお客さまのアテンドを任せられる通訳です。

出張先で通訳を手配して欲しいという依頼をよく受けます。ちょっと先回りして、「現地の通訳はどうするんですか」と尋ねてみることもあります。「ビジネスは英語で進める」という方がいたり、「友人が通訳をやってくれる」という方がいたり、さまざまですが、ここで通訳の重要性をもう一度考えてみていただきたいと思います。

「現地の通訳はどうするんですか？」と改めて尋ねてみると、

「大丈夫。旅行社のガイドさんに頼んであります」という回答。実はよくあるケースです。

しかし、これは注意しなければならないケースです。果たして旅行社のガイドさんは優秀な商談通訳になり得るのでしょうか？　残念ながら、そうではないケースが極めて多いのです。

日本語の能力とビジネスのスキルは別です。日本語がいくら上手でもビジネス折衝のスキルや商談通訳としての経験を持っているとは限りません。

逆に、マイナスのケースすらあります。専門用語が出てきても自分がわかる言葉しか訳さないとか、相手がたくさん話しても要約しか伝えないというケースです。逆に、こちらが一言しか言っていないのに、通訳が中国語で3分も5分も話し続けるというケースもあります。

通訳を正式に依頼する前には、その分野における知識や専門用語について事前にチェックしておく必要があります。できれば、旅行社のガイドさんに通訳を頼むのではなく、旅行社を通じて専門の通訳を紹介してもらったほうがベストです。

また、次のようなケースも注意が必要です。

第1に、現地に留学している日本人留学生を通訳として使うケース。これも通訳としての経験の有無を確認する必要があります。学生ですから、ビジネス経験はないはずです。仮にあっても、豊富な経験であるはずがありません。「言葉が話せること」と「通訳としてのスキルを持っているということ」はまったく別です。重要な折衝の場面では避けるべきです。

第2に、友人や友人の家族や知り合いがボランティアで引き受けてくれるケース。ご好意で引き受けてくれる場合でも、必要な報酬はきちんと支払うべきです。ビジネス折衝や交渉の現場に「日本語（中国語）ができるから」という理由だけでビジネス経験がない人を連れ出すことは危険です。また、後でトラブルが発生したときに責任の所在も曖昧になります。

3つ目は、相手が準備する通訳に頼るというケース。これは愚の骨頂です。絶対にやってはいけないケースです。しかし、こういうケースをけっこうよく眼にします。

「通訳は大丈夫です。先方に日本語ができる人がいますから、彼にお願いします」と言って交渉ごとに臨む日本人がいます。この時点ですでに、交渉を放棄しているとしか思えません。信じられないかもしれませんが、実はこういうケースが意外に多いことに驚かされます。

基本的に相手の通訳は相手の味方です。つまり、みなさんの敵なのです。仮に相手が合弁のパートナーであっても、専門の通訳をみなさんのほうで準備するべきです。

「通訳は最大の味方」「通訳は最強の戦力」というのが私の持論です。相手方の通訳を使ってビジネスを進めることは絶対に避けるべきです。

さらにビジネス折衝の場合、事前打ち合わせが不可欠です。通訳に対して事前に現状を十分に説明しておく必要があります。通訳本人とは簡単な挨拶程度のやりとりで、十分な打ち合わせもなしに訪問先に出向くケースを何度も見てきました。いずれもいい結果は出ません。

交渉のポイント、両社の課題、こちらの主張点、予想される相手の反論ポイント、ファーストベストの目標、妥協点、譲れない点、これらの想定問答など、事前の打ち合わせは不可欠です。通訳との打ち合わせを疎かにしては、ビジネス交渉の成功はまず望めないでしょう。

会社概要や製品説明などが必要な場合は、通訳と事前に資料の読み込みを行って、みなさんが話さなくても通訳に説明させるほうが効率的です。通訳の説明に相手方がどう反応するか、その場で相手方の表情を観察したり、確認したりすることもできます。

頻繁に中国出張がある方は出張先での通訳を1人決めておくことをお勧めします。信頼できる通訳が見つかれば、できる限り同じ人物に依頼するほうがよいでしょう。通訳は「最大の味方」「最強の戦力」と心得るべきです。あなたのビジネスを知り、あなたの会社の事情を知り、こうした経験を積むことによってより強力な味方（戦力）になります。

「今回も大切なお客さんです。よろしくお願いします」と連絡すると、彼女はすぐに受け入れ体制を整えてくれます。彼女は私に「タマゴの関係」を教えてくれた友人の1人でもあります。

現地でのビジネスが本格的になる前に、こうした即戦力になる人材を探しておくことをお勧めします。ビジネスは「モノ探し」ではなく、「人探し」が基本です。

【ポイント】通訳の人選に注意
・旅行社のガイドさんは商談通訳のスキルを持っている？
・留学生や友人知人のボランティアにも要注意、相手が準備した通訳を使うことは論外。
・商談に望む前に通訳との事前準備をしっかりと行う。事前の準備が商談の成否を決める。

中国ビジネス成功のポイントは「その人のその先のネットワーク」の活用

人間関係を作り広げ、深めるための「面子」

「友人の友人が情報提供者になってくれる」
「友人の友人のその先の友人がビジネスチャンスをもたらしてくれる」
人と人とのつながりがビジネスを生みだします。その人がどんなネットワークを持っているのかがたいへん重要です。その人のその先につながっているネットワークがあなたのビジネスをサポートしてくれたり、新しいビジネスチャンスをもたらしてくれたり、あなたの大きな力になります。

まずは、情報交換ができる相手を見つけて、ネットワークをつなぐこと。次に、継続的な情報交換の機会を持つこと。そして、一歩ずつこのネットワークを広げていくこと。一見遠回りにも思えますが、これが中国ビジネスを成功に導くポイントです。

ネットワーク作りが中国ビジネスの第一歩であり、結果的にこれがビジネスチャンスを見つけ出す近道なのです。そのためにも、中国ビジネスは「会社対会社」で向き合うのではなく、

「個人対個人」で向き合うことが大切です。ビジネスは「会社対会社」が進んでいるのですが、実際の現場は「個人対個人」の関係がビジネスを動かしています。

「事件は会議室で起こっているのではない。現場で起こっているんだ」という映画のセリフがありました。ビジネスは「会議室」で進んでいるのではなく、まさに「現場」の担当者同士が動かしているのです。会社に所属している「陳さん」ではなく、「私」と「陳さん」が現場のビジネスを動かしていると考えたほうがいいでしょう。

だからと言って、「契約は無意味だ」と言うつもりはありません。「約束をしても守らないから約束しても駄目だ」と言うつもりもありません。きちんと「契約書」を交わし、「会社対会社」の姿勢を崩さずにビジネスは進めていくべきです。

「とにかく飲もう。それからだ」という言葉があります。中国人がよく言うセリフです。名言だなと思います。まずは胸襟を開いて、お互いの距離感を縮めることから始めます。食事やお酒はお互いの距離を一気に縮めるための有効な手段なのです。

中国では、食事会こそが本格的なビジネスのスタートラインと私は考えます。お酒の席では、地方政府の要人や大手企業の経営者であっても、ネクタイを外して気さくに接してくれます。食事会で一気に親しくなり、まるで昔からの友人のように接してくれるのです。こうして急接近型で近づいてくるのが「中国流」です。

一方、日本人はお互いの適度な「距離感」を重視します。まずは名刺交換という儀式から始まり、一歩ずつ段階的に関係を深めていくのが「日本流」です。一回の食事会で相手との距離感を一気に縮めるところは、ぜひ「中国流」を学びたいところです。

日本人にとって、急接近型の中国人は「馴れ馴れしい」「礼儀を知らない」といったマイナスのイメージを持ちます。しかし、逆に中国人にとって「距離感重視型」の日本人は「よそよそしい」「冷たい感じ」という印象を与えています。こうして日本人も中国人も相手に対して別々の違和感を感じているのです。

中国出張の機会があるみなさんに1つのアドバイスがあります。「夕食は大切なビジネスの場」というアドバイスです。たとえば、4泊5日で中国に出張する場合、夕食の機会は3回か4回です。現地に滞在している期間の夕食は大切なビジネスの場と考えます。食事会は商談やネットワーク作りの最前線です。実践の場なのです。

この限られた食事の場に誰を誘うか、誰に会うか、この選択は重要なポイントです。事前に会いたい人、会っておくべき人に連絡し、しっかりスケジュールを組みたいところです。日本人の同僚や仲間同士で集まって、日本料理店や居酒屋で今日の反省会とか打ち上げをやっている場合ではないのです。

食事の場も重要なビジネスの場です。ビジネスの最前線と心得たほうがいいでしょう。「仕事があるから友達になる」のではなく、「友達になっていっしょに仕事を作り出す」のが中国人の流儀です。限られた時間を有効に活用してください。

食事、お酒、贈り物で人間関係を広げ、貸し借りで人間関係を深めていきます。中国ビジネスでは、ぜひ「その人のその先のネットワーク」を意識してみてください。

まだ出会っていない誰かが、いつか、あなたに大きなビジネスチャンスをもたらしてくれるかもしれないのです。

【ポイント】その人のその先のネットワーク
・「タマゴの関係」では友人の友人、その先の友人もネットワークでつながっている。
・ネットワークの先の友人から情報提供がある。ネットワークの先の友人とも情報交換ができる。
・ネットワークのつながりからビジネスチャンスが見つかる。新しいビジネスが生まれる。
・その人のその先のネットワークをうまく活用すること、これが中国ビジネスを成功に導く鍵。

■あとがき　～36時間の語学学習より90分の異文化理解を～

「中国語の勉強を始めました」という人が増えています。

「どんなテキストがいいでしょうか」という質問もよく受けます。

「中国語を学ぶときの注意点を教えてください」という質問も頻繁に受けます。

中には赴任が決まって、慌てて中国語の勉強を始めるという人もいます。中国の存在がますますクローズアップされる中で、中国語を学ぶ人が増えるのはよいことだと思います。

中国語は発音や四声という初級の段階で越えなければならない「壁」があります。この「壁」をクリアする最大のポイントは「短期集中学習」です。目安となる目標は10日間です。時間をかけてじっくり学ぶのではなく、「短期集中」で一気に乗り越えることが中国語学習のポイントです。

ところで、現在中国語を学んでいるみなさんやこれから中国語を学びたいというみなさんに一言アドバイスがあります。

それは、「語学だけでなく、ぜひ『異文化理解』にも目を向けてください」ということです。

語学学習より、まず「異文化理解」を学ぶべきです。語学の習得には時間がかかります。しかし、「異文化理解」の基礎を学ぶことはそれほど多くの時間を要しません。みなさん自身の「中国力」をアップさせるためには、まずは「異文化理解」を学ぶべきというのが私の持論です。

中国語を10時間、20時間とコツコツ学ぶより、「異文化理解」の本を1冊読むことのほうがあなたの「中国力」は飛躍的に高まります。時間をかけて語学の習得に時間を費やすより、「異文化理解講座」を1日受講いただくほうがはるかに効果的です。

前述のように、中国語の初級段階には発音と四声という大きな「壁」があります。これを乗り越えるためには一定の学習時間とエネルギーが必要です。「異文化理解」を深めることは語学学習以上に「中国力」の飛躍的にアップにつながります。

もし、言葉上のコミュニケーションだけであれば、「通訳を雇う」という方法があります。費用対効果を考えれば、こちらのほうが効率的です。通訳が必要なら雇えばいいわけです。中国語を学ぶのではなく、「通訳を使いこなす方法」を学ぶほうが効果的なのです。

もちろん、中国語の学習も並行して進めてください。語学を学ぶことは意味がないと言っているわけではありません。コミュニケーションのために現地の言葉を学ぶことは大切なことです。中国語学習はぜひみなさんに取り組んでいただきたいと思います。

語学習得の道は長くて地道な努力が必要です。しかし、「異文化理解」はもっと即効性が高い内容を短期間で習得することができます。

中国人に時計を贈ってはいけない、食事会で「割り勘」はない、「乾杯」は杯を飲み乾すことなど、中国ビジネスの現場には、知ってさえいれば避けられたはずのコミュニケーションギャップがたくさんあります。

中国人はどうして謝らないいか、中国人はどうして同僚の残業を手伝わないか、食事をご馳走してその翌日にお礼を言わない中国人、大きな声でケンカをしているように話す中国人など、「異文化理解」の姿勢があれば、ほんの数時間でこれらの疑問を解消することができるはずです。

みなさんにぜひ「異文化理解講座」の受講をお勧めします。たくさんの「転ばぬ先の杖」が準備できるはずです。8時間の講座で中国ビジネスの現場で遠回りしないで済む「気づき」をたくさん見つけることができるはずです。

「丸腰で行くことがいかに恐ろしいかよくわかりました」というのは私のセミナー受講者のコメントです。「もし、知らずに行けば、気づくまでに何カ月も遠回りしたでしょう」というコメントも。

本書は、中国出張の多い方や中国への赴任予定の方だけでなく、日本で訪日中国人相手にビジネスを行う人や中国人の上司や同僚を持つ人、中国人社員を採用している企業の人事部の人など、広く中国ビジネスに関わるすべての方々にぜひ読んでいただきたい本です。本を読んでいただいたり、講座を受講していただいたり、1つでも多くの「気づき」を届けることができたら幸いです。

中国人や台湾人はネットワークを利用して、積極果敢に新しい取り組みにチャレンジします。こうしたネットワークにみなさん自身が加わることがポイントです。そのためには「言葉」を学び、「異文化理解」を深め、積極的に「ネットワーク力」を高める取り組みを行なってください。

彼らはビジネスの「臨戦態勢」を重視します。チャンスはいつ巡ってくるかわかりません。リスクを避けることばかり考えていては、ビジネスチャンスを掴むことはできません。チャンスに気づいてから行動するのでは遅いのです。「スピーディな意思決定」「フレキシブルな対応」「チャレンジ精神旺盛な取り組み」、これが中国ビジネスを成功に導く3つのポイントです。日ごろから体制を整えて、チャンスに気づくアンテナを磨き、すぐにでも飛びつける臨戦態勢を整えておくことが大切です。本書を「転ばぬ先の杖」としてご利用いただくだけでなく、より積極的なあなた自身の「ファイティングポーズ」を作るためにお役立てください。そして、

●あとがき

中国ビジネスに臨むみなさんに少しでも勇気と元気を与えることができましたら幸いです。

幸いにして前作は「中国ビジネス必読の書」「中国人理解のバイブル」といった高い評価を得て、反響の大きさと責任の重さをひしひしと感じています。ＮＰＯ法人アジアＩＴビジネス研究会の仲間からは「この本が売れないようでは日本も終わりだ」といった身に余るコメントもいただきました。お酒の席でのコメントでしたが、愚直にも筆者はそうした言葉を真に受けて自分を奮い立たせ、身に余る評価に負けないように全力で本書の執筆に取り組んできました。

こうした私の思いをいち早く察し、前作に続き、第2弾となる本書の出版にご尽力をいただいた総合法令出版の田所陽一氏には心より感謝します。中国ビジネスの真のバイブルを目指そうという彼の熱い思いと気迫をひしひしと感じながらいっしょに作業を進めることができました。

わが家では、2度目の桜の中で山のような宿題と格闘している娘は、相変わらず親子二人三脚で課題に取り組んでいます。２０１１年春、執筆を支えてくれた家族や両親、仲間達にこの本を捧げます。

２０１１年4月吉日

吉村　章

■株式会社クロスコスモス　実施セミナー・研修

http://www.crosscosmos.com/

◆「中華圏ビジネス／実践スキルアップセミナー」

対象：中国、台湾、香港、シンガポールなど、中華圏でビジネスをする方。

赴任者、出張者、外国人の人材の受け入れ担当者

内容：初対面の挨拶、名刺交換時の注意点、信頼関係を築くノウハウ

チームワークの育て方、指示のしかた／注意の与え方

Do's and Don'ts（やってはいけないこと／言ってはいけないこと）

食事とお酒のマナー、贈り物のマナーなど

現場ですぐに使える実践的な内容をワークショップを通じて学ぶ

◆「中華圏ビジネス／ビジネス折衝／交渉術コース」

対象：ビジネス折衝や交渉の最前線で業務にあたるビジネスパーソン

内容：主張のテクニック、反論のテクニック、反論に反論しないテクニック

質問のテクニック、論点の確認／論点を絞るテクニック

中国側がよく使う「注意すべき中国的交渉カード」とその対処方法

通訳を使いこなすテクニック、クロージングのテクニック、契約の注意点

◆「インバウンド旅行者誘致、地域活性化セミナー」

内容：旅行者の期待すること、「遊」「食」「観」のコンテンツ開発

ビギナー向け PR 方法、リピーターの増やし方、マニアの作り方

WEB 活用法、ホームページとブログ、SNS、越境 EC の活用術

◆「海外市場開拓セミナー実践コース」

内容　商品／製品の「強み」を再確認、外国人に PR するためのリーフレット作り

展示方法から商談に持ち込むまで展示会／物産展の出展ノウハウ

商談の組み立て方、5 分以内で確認すべきこと、15 分／ 30 分で見極め

アンケート禁止、名刺集め禁止、ノベルティの配布禁止

効果的な「試飲試食」のテクニック（食品の場合）ほか

◆ ASIA-NET セミナー（都内にて開催）

・アジア各地から講師を招き、最新の、現場の、生情報を聞く勉強会

・開催日程や内容はホームページにてご確認ください。

http://www.asia-n.biz/

【お問い合わせ先】

〒 151-0061　東京都渋谷区初台 1 － 51 － 1　初台センタービル 5F

TEL：03-3299-8813　　FAX：03-3299-8815　携帯：080-7046-7888

<著者紹介>

吉村 章（よしむら・あきら）

株式会社クロスコスモス 代表取締役／ASIA-NET 代表
Taipei Computer Association（TCA）東京事務所 駐日代表
独立行政法人中小企業基盤整備機構 国際化支援アドバイザー
公益財団法人横浜企業経営支援財団 国際ビジネス支援／ビジネスエキスパート

1961年生まれ。大学卒業後、台湾で日本語教育に従事。10年間の駐在後、台湾最大のIT関連の業界団体であるTCAに移籍となり、駐日代表として帰国。2001年からは本格的な中国関連業務が加わり、日台及び日中間の「架け橋」役として、ビジネスマッチング、現地視察のコーディネート、セミナーや展示会の企画・運営など、幅広い分野で活躍している。また、2010年からは日本国内を回り、地域物産の海外市場開拓、インバウンド旅行者の誘致、各地の外国人向け観光資源の開発など、地域振興や企業誘致、観光振興の分野でも各地でアドバイスを行っている。

地域の事業者を回り、輸出したい製品や商品の「強み」をPRするためのリーフレット作りでは、徹底的に外国人目線でアドバイスを行い、定評がある。また、セミナーは「海外市場開拓、成功事例の共通点と失敗事例の課題」「信頼できるパートナーと危ないパートナーの見極め方」などをテーマに年間およそ60本をこなす。専門は中華圏だが、近年は「外国人との協業」をテーマに、日本国内で外国人と一緒に働くための組織づくりや働き方のアドバイスも行っている。

著書に『すぐに役立つ中国人とうまくつきあう実践テクニック』『すぐに使える中国人との実践交渉術』（以上、総合法令出版）、『知識ゼロからの中国ビジネス入門』（幻冬舎）、『中国とビジネスをするための鉄則55』（アルク）がある。

http://www.crosscosmos.com/
http://www.asia-n.biz/（情報発信サイト）
https://www.facebook.com/asianet.biz/
bridge-jp@asia-net.biz/

JASRAC 出1104989-101

知っておくと必ずビジネスに役立つ
中国人の面子（メンツ）

2011年6月2日　初版発行
2019年1月9日　4刷発行

著　者　吉村　章
発行者　野村直克
発行所　総合法令出版株式会社
〒103-0001　東京都中央区日本橋小伝馬町15-18
ユニゾ小伝馬町ビル9階
電話　03-5623-5121

印刷・製本　中央精版印刷株式会社

落丁・乱丁本はお取替えいたします。

ISBN 978-4-86280-257-6

総合法令出版ホームページ　http://www.horei.com